NEW TOKYO
HOLIDAY

ニュー東京ホリデイ

旅するように街をあるこう

杉浦さやか
Sayaka Sugiura

Shirotae
名物・レアチーズケーキ…
コースターに包み紙、紙ものがたまらなくかわいい。

東京を旅しよう

ある休日、友達と展覧会を見に行く約束をしました。
ギャラリーは銀座かぁ。
気になっていた東銀座の「花山うどん」に行けるかな。
2駅離れてるけど赤坂見附の「しろたえ」でお茶もしたい。
目的地の近場をあれこれリサーチ。
久しぶりに再会した友とつもる話をしながらお茶をして、
お店を出ると小雨がふってました。
でもせっかく滅多に来ない街にいるんだから……
近くの「ホテルニューオータニ」散歩もしちゃおうか。
思いがけない時間が楽しくて、
目的のギャラリーに着いたのはクローズの7時少し前。
あーあ、もうひとつ別の展示も覗く予定だったのに。
ギャラリーのある迷路のような銀座の裏路地も楽しくて、
もう少しゆっくり探検したかった。
私の休日は、やりたいことを目一杯つめこむものの、
道草を食ってばかりなので、予定をこなせないことが多々。

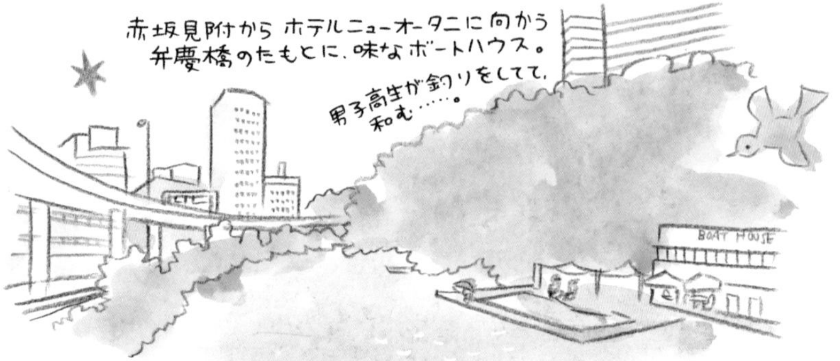
赤坂見附からホテルニューオータニに向かう
弁慶橋のたもとに、味なボートハウス。
男子高生が釣りをしてて、
和む……。
BOAT HOUSE
Boat house

Hotel New Otani
ガーデンラウンジで
一杯。

でもこんなふうに、後ろ髪を引かれながら
「また今度来よう」で終える散歩が、実は一番楽しい。
これが海外だと、もう二度と来られないかもしれないので、
つい必死にまわってヘトヘトになってしまう。

この本で歩いた街も、とても1日じゃまわりきれず、
2回、3回、時には季節をまたいで訪れました。
同じ通りも日によって、お天気によって、
一緒に歩く人によってまたちがう表情を見せてくれる。
1回目の散歩じゃ気づかなかったかわいいタイルの壁、
お休みで気になっていた器屋さん、
アジサイいっぱいの路地が、今は葉っぱが色づきはじめている。
広い広い東京。
小さなエリアにも、魅力的な路地やお店が無数に広がっています。
ずっと暮らしている場所だけれど、
ちょっと歩けばいつだって新しい顔に出会えて、
どこか知らない街にいるような気分に浸ることができる。
そう、まるで小さな旅をしたような気分に。

さぁ東京を歩いて、旅に出よう！

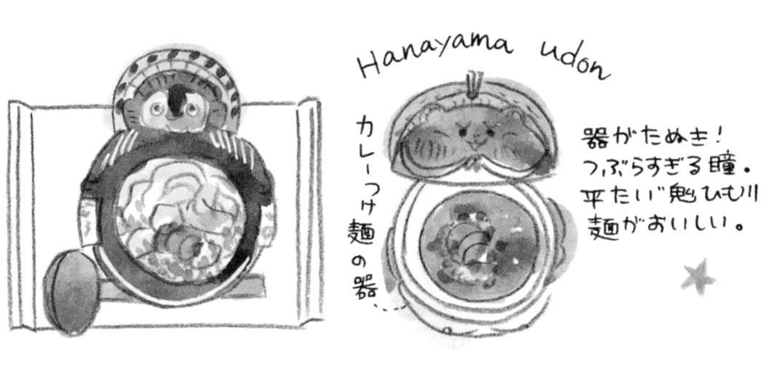
Hanayama udon
カレーつけ麺の器…
器がたぬき！
つぶらすぎる瞳。
平たい"鬼ひも川"
麺がおいしい。

もくじ

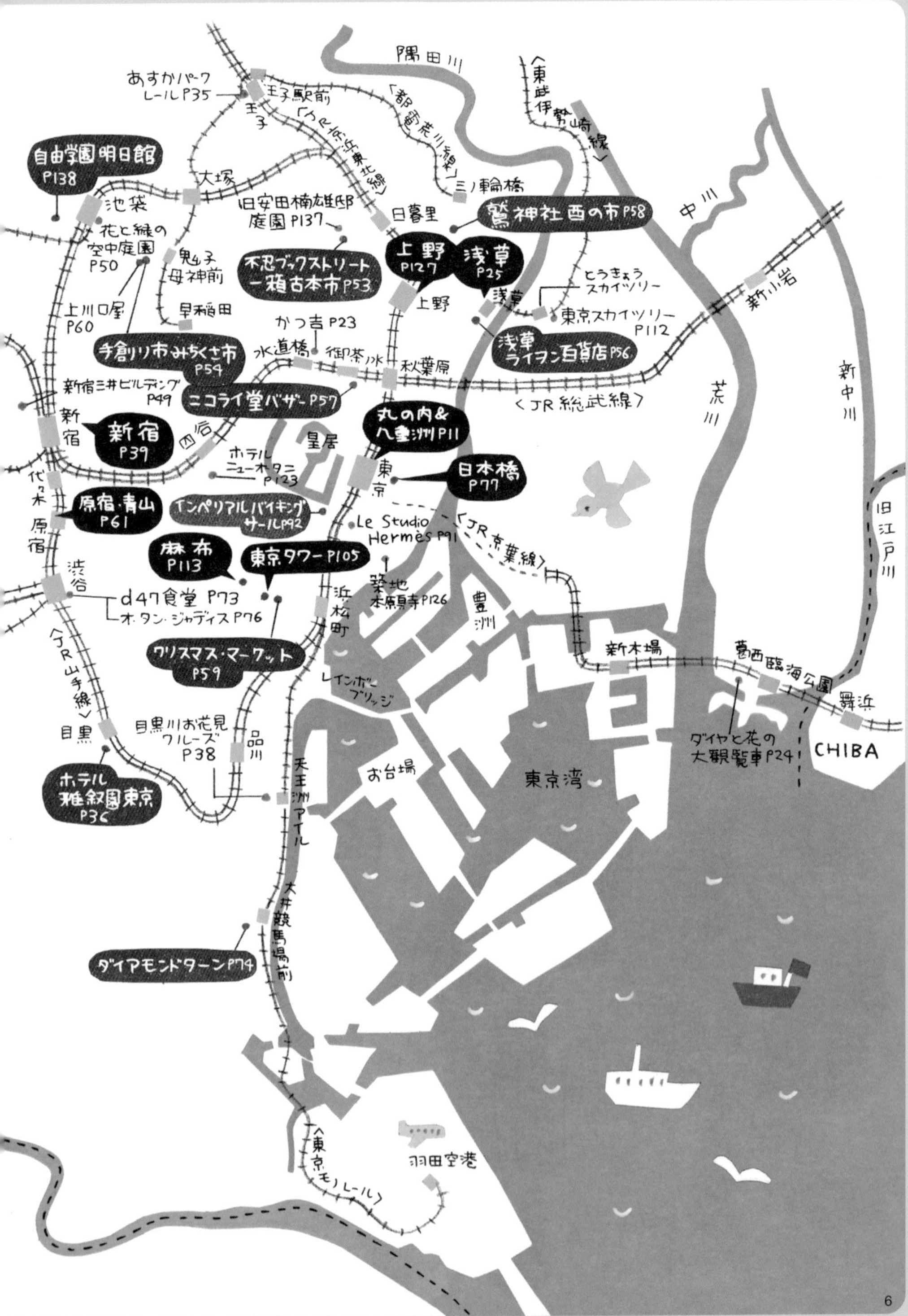

隅田川
〈東武伊勢崎線〉
あすかパーク
レールP35
王子駅前
王子
〈都電荒川線〉
〈JR京浜東北線〉
三ノ輪橋
自由学園明日館
P138
大塚
池袋
旧安田楠雄邸
庭園P137
日暮里
鷲神社酉の市P58
中川
花と緑の
空中庭園
P50
鬼子母神前
不忍ブックストリート
一箱古本市P53
上野
P127
浅草
P25
とうきょう
スカイツリー
新小岩
早稲田
上野
浅草
東京スカイツリー
P112
上川口屋
P60
かつ吉 P23
手創り市みちくさ市
P54
水道橋
御茶ノ水
秋葉原
浅草
ライヲン百貨店P56
新宿三井ビルディング
P49
ニコライ堂バザーP57
〈JR総武線〉
荒川
新中川
新宿
新宿
P39
四谷
皇居
丸の内&
八重洲P11
ホテル
ニューオータニ
P123
東京
日本橋
P77
代々木
原宿・青山
P61
インペリアルバイキング
サールP92
Le Studio
Hermès P91
〈JR京葉線〉
旧江戸川
原宿
麻布
P113
東京タワーP105
渋谷
d47食堂 P73
オ・タン・ジャディス P76
築地
本願寺P126
浜松町
豊洲
〈JR山手線〉
クリスマス・マーケット
P59
新木場
葛西臨海公園
レインボーブリッジ
舞浜
目黒
目黒川お花見
クルーズ
P38
品川
ダイヤと花の
大観覧車P24
CHIBA
ホテル
雅叙園東京
P36
天王洲アイル
お台場
東京湾
大井競馬場前
ダイアモンドターンP74
〈東京モノレール〉
羽田空港

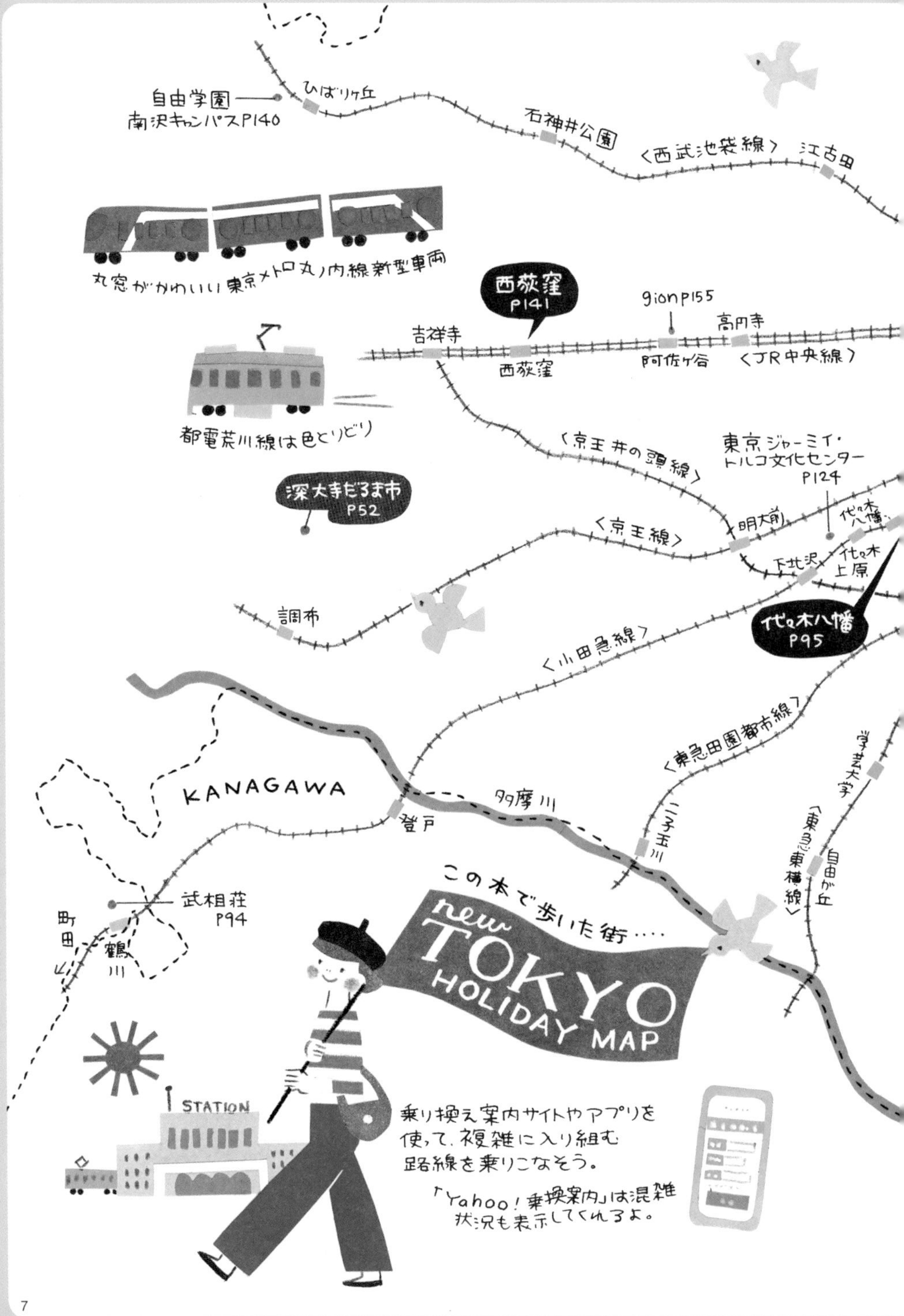

自由学園
南沢キャンパスP140
ひばりヶ丘
石神井公園
〈西武池袋線〉
江古田
丸窓がかわいい東京メトロ丸ノ内線新型車両
西荻窪
P141
gion P155
吉祥寺
高円寺
西荻窪
阿佐ヶ谷
〈JR中央線〉
都電荒川線は色とりどり
〈京王井の頭線〉
東京ジャーミイ・
トルコ文化センター
P124
深大寺だるま市
P52
明大前
代々木八幡
〈京王線〉
下北沢
代々木
上原
調布
代々木八幡
P95
〈小田急線〉
〈東急田園都市線〉
学芸大学
KANAGAWA
多摩川
登戸
二子玉川
〈東急東横線〉
自由が丘
この本で歩いた街……
new
TOKYO
HOLIDAY MAP
武相荘
P94
町田
鶴川
STATION
乗り換え案内サイトやアプリを
使って、複雑に入り組む
路線を乗りこなそう。
「Yahoo!乗換案内」は混雑
状況も表示してくれるよ。

散歩の準備

地図を用意

私も取材の最初のころは、地図をコピーしてた。
地図アプリ、便利…！

この本のマップページをコピーして持ち歩くもよし、マップアプリで歩くもよし。私は「Google マップ」のアプリをスマートフォンに入れて、行きたい場所にピンを立て、保存していきます。

営業時間の確認

お店のHPやSNSを見てチェック

店名や施設名、イベント名で検索して、定休日や営業時間を調べてから行きましょう。人気レストランは予約したほうがスムーズ。

＊コロナウイルスの影響でイベントなどは中止の可能性が高く、営業時間の変更も多いのでご注意ください。

スケジュールを立てる

効率のいいコースをざっくり考えておこう。私はなんとなくのタイムテーブルを、スマートフォンのメモに入れておきます。でももちろん、スケジュール外のより道タイムこそ、楽しい！

白い花に導かれて訪れた「Riyad vintage」(P67)
ステキ…！

早起きしよう

「手創り市」(P54)前に池袋の「egg東京」

イベントや美術館などに行くときは早起き。すいている時間だと快適だし、朝ごはんの楽しみも。

おでかけグッズ

GOODS

お財布、スマホ、エコバッグ、口紅のミニポーチが基本。あとは季節や天気に合わせて。

身軽が一番！

BAG

散歩のときに活躍するのがボディバッグ。リュックより軽やかで、見ためより容量大。巾着に必要最小限のものだけ入れて、ミニマムに出かけることも。反対に大きな布バッグも、なんでも入って楽。

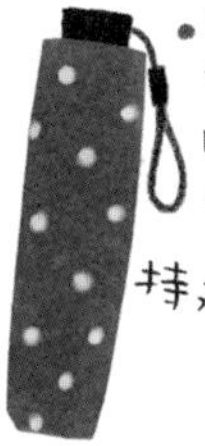

・晴雨兼用折りたたみ傘・

「kiu」のわずか90gの超軽量傘。

持っていることを忘れるくらい

・折りたたみ帽子・

「odds」のペーパーストローハット

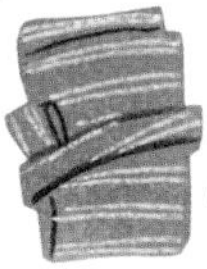

・エコバッグ・

ふさくたたんでIN。P121の「BTR」の。

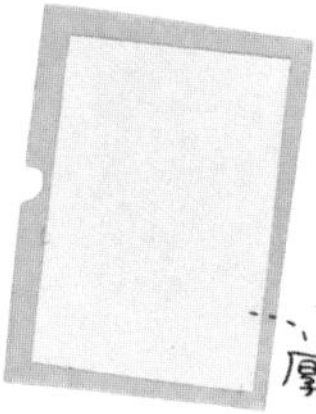

・B5ファイル・

紙ナプキンやショップカード、紙の収穫物を入れる。

厚紙を中に

・ボディバッグ・

「mina perhonen」。手で持つ、ななめにしょう、肩にかける、と3way。ストールは結んじゃう。

・巾着・

「Found MUJI 青山」（P72）のインド刺し子巾着。肩にかけられる。

SHOES

たくさん歩く日は、スニーカーか歩きやすい靴が必須。

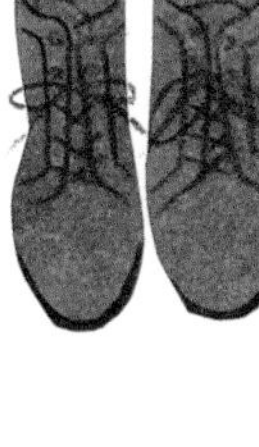

・はきなれたブーツ・

「ビルケンシュトック」のブーツでどこまでも歩こう

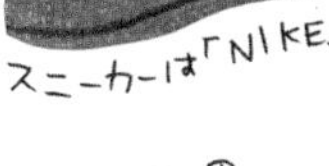

・レザースリッポン・

スニーカーは「NIKE」派

・ビッグトート・

ミニバッグで整理

「THE CONRAN SHOP」のリネントート（P93）

ブックデザイン…畠山香織
写真…著者提供

＊雑貨など商品は、取材時の物です。随時入れ替えや価格の変更がございますのでご注意ください。
本文中で紹介している施設、店舗について営業時間や詳細につきましては、公式HPなどでご確認ください。

TOKYO

丸の内＆八重洲 東京の玄関口

「KITTEガーデン」から東京駅を見おろす……

新幹線にバス、旅の起点となる東京駅周辺には、
魅力的な飲食店やお店が勢揃い。
おみやげを選んだり、旅立つ前の腹ごしらえをしたり。
日頃慌ただしく通り過ぎてしまう駅周辺を、じっくり歩きました。

緑の街

The Cafe by Aman
「アマン東京」で朝ごはん。
避暑地のような
木立のすき間から、
通勤の風景を
眺める。
鳥のさえずりが聴こえる…
東京駅周辺が
大好きなHちゃん
ベリーのヨーグルト
季節のサンドイッチ
デニッシュ
高級ホテルのカフェだけど、アラカルトで
気軽に注文できる。

本当に大手町…?!

◆ザ・カフェ by アマン
千代田区大手町1-5-6 大手町タワー1階
https://www.aman.com/ja-jp/resorts/aman-tokyo/cafe-by-aman-experience
*価格は、サービス料・税別

旅の発着点として使うことが多い東京駅。成田空港からのバスをおり、東京駅を見上げると、「帰ってきたなぁ」とホッとします。

東京駅周辺のなにが好きって、美しく整備された通りに、緑があふれているところ。東京の玄関口で、ビルの立ち並ぶオフィス街でもあるけれど、そこかしこに大きな木々が気持ちよさそうに枝を伸ばしています。

すこんと空が抜けた丸の内中央口の、銀杏《いちょう》並木が続く行幸《ぎょうこう》通り。「丸の内ブリックスクエア」の広場は、風が通り抜ける大好きな場所。駅舎や「明治生命館」、「三菱一号館美術館」など、スケールの大きな明治～昭和初期の建造物が保存、再建された端正な街並み。無機質さを感じさせないあたたかみのある古い建物と、緑との調和は見事なものです。

Gyoko street
皇居から駅まで続く行幸通り。
皇室の式典の馬車道として使用される。
普段は歩行者天国
たまたま演習があり、
馬車が走る姿を 目撃……！
Marunouchi
Brick Square
三菱一号館美術館
クラシックな
カフェがかっこいい
"ピンク サクリーナ"
バラの見ごろは5〜6月、10〜11月
フランスのメーカーがをイメージして
日本の桜
つけた名前。
「エシレ・メゾン デュ ブール」
(1F)で、エシレのロゴ入り
ココットと、エシレバターの
50gポーションをセットで、
友人へのプレゼントに。
スペイン王室御用達
チョコレート店
「カカオ サンパカ」(1F)
のカカオソフトクリーム。
540円

◆MARUNOUCHI Brick Square
千代田区丸の内2-6-1
https://www.marunouchi.com/building/bricksquare

麗しの東京駅

しびれるねぇ…
かっこいいねぇ…
「KITTE」内.
旧東京中央郵便局長室。
手紙が書けるスペースもあるよ。

何度利用しても憶えられないほどの商業エリアを有する東京駅。キング・オブ・日本の駅。大規模改修工事で駅舎が生まれ変わったのが2012年。焼失したままだった南北ドームなどが復元され、1914年の創建当時の姿がよみがえりました。はじめてドームの下に立ったときの感動は、忘れられない。通るたびにうれしくなる、誇らしい駅舎です。

正面の姿も壮観だけど、上から眺めるなら「KITTE」がおすすめ。6階の屋上庭園「KITTEガーデン」から望むもよし、4階の旧東京中央郵便局長室で真横から眺めるもよし。夜景もそれはきれいです。

北ドームの真下は「東京ステーションギャラリー」。創建当時のレンガ壁や美しい装飾を間近で見られるこちらも、駅を愛でるのに最高の場所。

旧東京中央郵便局の局舎を一部保存・再生した「KITTE」。雑貨店に楽しい書店、魅力的なお店がたくさん。

◆KITTE
千代田区丸の内2-7-2　https://marunouchi.jp-kitte.jp/

Tokyo Station Gallery

レンガの壁の展示室は、東京駅ならでは。

看視員さんたちの青いコートがステキ。

すばらしかった、フィンランドのアーティスト
ルート・ブリュック展。一部写真もOKで、太っ腹。

旧美術館開館時
(1988年)のシャンデリア。

売店のある2階回廊から
駅コンコースを望む。

回廊にはドーム天井の
十二支レリーフのレプリカも展示されている。
方角を示しているので、八支しかいないのだ。

私の干支はいるよ〜。
さて、あなたのは…？

丸の内中央改札内の
駅舎ポストに投函すると、
東京中央郵便局と同じ
風景印を押してもらえる。

◆東京ステーションギャラリー
千代田区丸の内1-9-1
(東京駅丸の内北口改札前)
http://www.ejrcf.or.jp/gallery/

駅周辺でお買い物

グランスタ

東京駅地下1階の八重洲側から
丸の内側に広がる、改札内最大の
ショッピングエリア。
八重洲ではお弁当や
おみやげを、丸の内では
雑貨をメインに楽しめる。

◆GRANSTA（グランスタ）
千代田区丸の内1-9-1 JR東日本東京駅構内地下1階・1階（改札内）
https://www.tokyoinfo.com/shop/mall/gransta/

公式キャラクター「ふくらむちゃん」の
柱！グランスタ丸の内改札外の
「ワインショップ・エノテカ」の前に
鎮座しています。

◆ふくらむちゃんグッズ◆

「OSAJI」"ふくらむちゃんローソープ"
保湿効果抜群の半熟石けん。

「SHARED TOKYO」
"バンダナふくらむちゃん"♡

新幹線乗車お弁当

前にお弁当
売り場を見て歩くよろこび。

待ち合わせ
場所として
おなじみの
"銀の鈴"が
刻印された
「とんかつ まい泉」の"ポケットサンド
ヒレかつ・たまご"は限定商品。

Hちゃん

「豆狸《まめだ》」の
わさびいなりが大好き

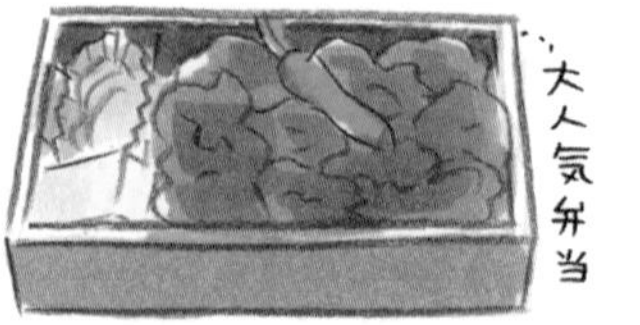

大人気弁当

「eashion（イーション）」の"スペイン産
ベジョータイベリコ豚重"もうまし！

Neustadt《ノイシュタット》 brüder《ブルーダー》

国内外の文房具が勢揃い。スタンダード、
おしゃれ、おもちゃ文具と、いつまで見て
いてもあきない。

チェコの「centropen」
金銀マーカー
キッチュな万年筆
ファンである「ぷんてる」のシャープペンシル
ロシア「Erich Krause」ステープラー針

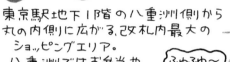

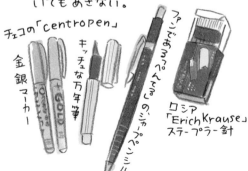

日本百貨店とうきょう

日本や東京のいいものを集めたショップ。お菓子コーナーが楽しい。

包みも箱も中身もカワイイ、新潟「最上屋」の"三角だるま"最中。

夫の地元・佐賀でもあまり目にしない尾崎人形。

東京みやげ、あり〼。

新宿「但馬屋珈琲店」ドリップコーヒー

本郷「すみれ堂」おかきバタータン

TOKYOトート

おみやげ

皇居外苑販売商品取扱店「くすのき」。人気の"皇居外苑どらやき"は菊の御紋入り。

*「皇居外苑販売商品取扱店 くすのき」は9月30日をもち閉店致しました。

お弁当コーナー「崎陽軒」の"シウマイまん"。小さな肉まんはおつまみにも♡

カップケーキ型

「Fairycake Fair」の限定品"フェアリークリームウィッチ"。かわいくておいしい。

大丸

八重洲北口を出てすぐの「大丸 東京店」。地下1階"ほっぺタウン"は東京みやげが充実!

「神田志乃多寿司」の折詰。おいしいうえに、谷内六郎の絵(包装紙は鈴木信太郎)…!

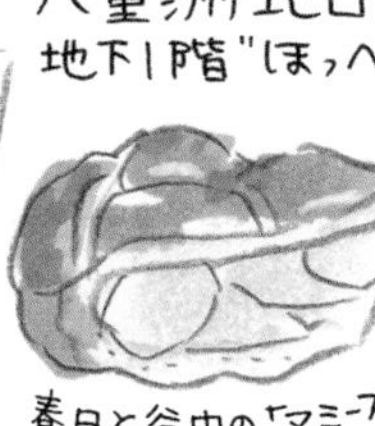

春日と谷中の「マミーズ・アン・スリール」の手づくりアップルパイ。

「駒込 中里」の揚最中は本店とここのみ。パリッパリ。

◆大丸東京店
千代田区丸の内1-9-1
https://www.daimaru.co.jp/tokyo/

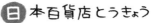

八重洲ごはん・丸の内ごはん

朝ごはん

アロマ珈琲

八重洲口から日本橋付近までのびる
八重洲地下街、通称"ヤエチカ"。
新しいお店が増える中、
1970年から営業を続ける
「アロマ珈琲」。主張しすぎず
きちんとおいしい、最高の喫茶店。

サイフォンコーヒーをその場で淹れてくれる

モーニングセット

あんこ付き

厚切りトーストはふわっふわ♡
好きなドリンクに+100円でついてくる！

コショウが効いた"オープン玉子サンド"もイケる。コーヒーゼリー付き。

◆アロマ珈琲
中央区八重洲2-1 八重洲地下街中4号
（八重洲地下1番通り）
https://www.aromacoffee.co.jp/yaesu.html

昼ごはん

ブラッスリー・ヴィロン丸の内店

最高においしいバゲットで
有名な「VIRON」でランチ。
パリのビストロにいるような
気分。

キリッとした給仕さん

バゲットと形ちがいの
"ブーリッシュ・ドゥミ"を
おみやげに。

"豚ロース肉のロースト
マスタードソース"

シードル

何個でも食べられる……

"鮮魚のポワレ
ノイリークリームソース"
金目鯛とスズキ、
おいしかった…！

ランチはメイン＋パンで1,800～2,000円。メインは日替わりで3種類。

◆ブラッスリー・ヴィロン　丸の内店
千代田区丸の内2-7-3 東京ビル TOKIA1階
https://www.marunouchi.com/tenants/3018/

ビストロ グリルシャトー

夜ごはん

1961年創業の洋食屋さん。古きよきウッディな店内と、にこにこと穏やかなマダムにすっかりリラックス。懐かしく、しみじみおいしいお料理。通いたいお店です。

古いライトや木の細工、すみずみまでかわいい…。
どのお料理もボリューム満点。
1,750円
マカロニのないシーフードグラタン。それが軽やかでよかった。

路地にあるのも隠れ家風でワクワク

◆ビストロ グリルシャトー
8/7で八重洲から離れ9/1より
港区新橋2-16-1 ニュー新橋ビル
B1階　https://chateau.owst.jp/

絶品ピラフ。お米がしっかりしてておいしい〜。

お茶

イノダコーヒ 東京大丸支店

京都のお店の雰囲気がちゃんと踏襲されていて、ファンにはうれしいお店。眺めがいいので、朝ごはんも食べてみたいな。

ミルクティーとミックスジュース

◆イノダコーヒ
東京大丸支店
大丸東京店 8階
https://www.daimaru.co.jp/tokyo/restaurant/8f_cafe_inodacoffee.html

東京の休日

大江戸骨董市

約250ものブースが出て、大にぎわい。ここも緑がいっぱいで気持ちいい。

レトロな装いのお2人
あのカバン、いいなあ〜
娘←

◆大江戸骨董市
千代田区丸の内3-5-1【東京国際フォーラム】
https://www.antique-market.jp/
毎月第1・第3日曜日の開催。
諸事情により日程が変更、天候により開催中止の場合あり。
詳細はホームページをご確認ください。

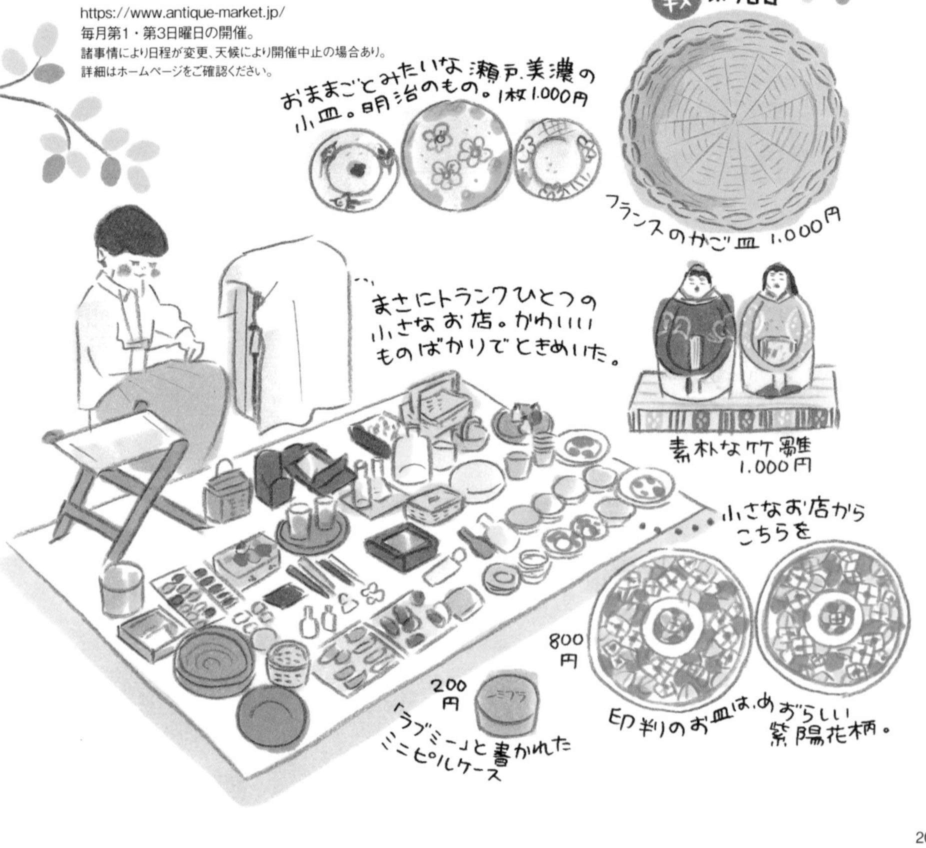

戦利品
おままごとみたいな瀬戸美濃の小皿。明治のもの。1枚1.000円
フランスのかご皿 1.000円
まさにトランクひとつの小さなお店。かわいいものばかりでときめいた。
素朴な竹雛 1.000円
小さなお店からこちらを
800円
印判のお皿は、めずらしい紫陽花柄。
200円
「ラブミー」と書かれたミニピルケース

皇居外苑
2000本のクロマツが
点在する、大芝生広場。
おみやげ売り場やカフェのある
「楠公レストハウス」も。

◆皇居外苑
千代田区皇居外苑1-1
http://fng.or.jp/koukyo/

お弁当
行列のできる人気店「ミート矢澤」の
ハンバーグ弁当。冷めてもジューシー！
満足感がすごい。1.800円
(税込)
老舗「日本橋 弁松総本店」
"並かしセ"。日本酒にも合う
甘じょっぱさ。1.300円
ビールも大丸で♡

友人との散歩の後日、今度は東京駅に家族でお出かけ。目的は、「大江戸骨董市」。「東京国際フォーラム」の地上広場で開かれる、都内最大の青空骨董市です。昔ながらの骨董商と、若い店主のアンティーク店が共存していて、ふた通りの楽しみを味わえる市。ごちゃごちゃと雑多に物が積まれたお店、おしゃれにちょっぴりだけ商品を並べたお店、個性豊かで、見てまわるだけで楽しい。

　お昼はせっかく東京駅にいるのだから、お弁当を買って皇居外苑で食べることに。駅構内のグランスタや「駅弁屋 祭」は旅でよく使うので、お弁当を買ったことのない「大丸東京店」でじっくり吟味。皇居外苑のクロマツがたくさん植わった大芝生広場に座って、のんびりピクニック。いい休日を過ごせました。

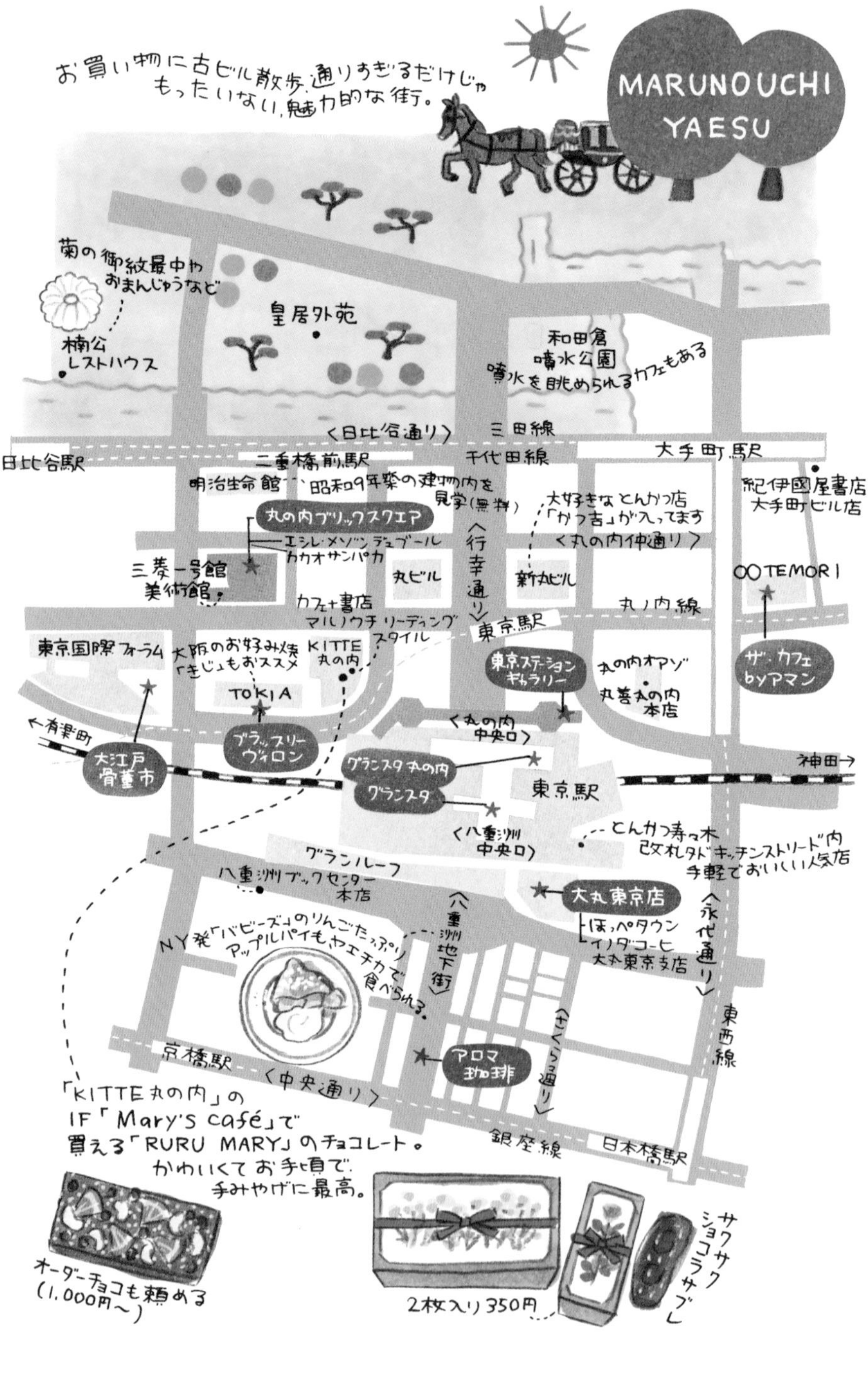

MARUNOUCHI
YAESU
お買い物に古ビル散歩、通りすぎるだけじゃ
もったいない、魅力的な街。
菊の御紋最中や
おまんじゅうなど
楠公
レストハウス
皇居外苑
和田倉
噴水公園
噴水を眺められるカフェもある
＜日比谷通り＞
三田線
日比谷駅
二重橋前駅
千代田線
大手町駅
明治生命館
昭和9年築の建物内を
見学（無料）
紀伊國屋書店
大手町ビル店
大好きなとんかつ店
「かつ吉」が入ってます
丸の内ブリックスクエア
エシレ・メゾン デュ ブール
カカオサンパカ
＜丸の内仲通り＞
＜行幸通り＞
三菱一号館
美術館
丸ビル
新丸ビル
OOTEMORI
カフェ＋書店
マルノウチ リーディング
スタイル
丸ノ内線
東京駅
東京国際フォーラム
大阪のお好み焼
「きじ」もおススメ
KITTE
丸の内
東京ステーション
ギャラリー
丸の内オアゾ
丸善丸の内
本店
ザ・カフェ
byアマン
TOKIA
←有楽町
大江戸
骨董市
ブラッスリー
ヴィロン
＜丸の内
中央口＞
グランスタ丸の内
グランスタ
神田→
東京駅
＜八重洲
中央口＞
とんかつ寿々木
改札外ドキッチンストリート内
手軽でおいしい人気店
グランルーフ
八重洲ブックセンター
本店
大丸東京店
ほっぺタウン
イノダコーヒ
大丸東京支店
＜八重洲地下街＞
＜永代通り＞
NY発「バビーズ」のりんごたっぷり
アップルパイも、ヤエチカで
食べられる。
東西線
京橋駅
アロマ
珈琲
＜さくら通り＞
＜中央通り＞
「KITTE丸の内」の
1F「Mary's café」で
買える「RURU MARY」のチョコレート。
かわいくてお手頃で
手みやげに最高。
銀座線
日本橋駅
オーダーチョコも頼める
（1,000円〜）
2枚入り350円
サクサク
ショコラサブレ

はみだし
ホリデイ

Katsu-kichi（水道橋）

P22 の「かつ吉」新丸ビル店。水道橋の本店は、区役所に婚姻届を提出したその足で食べに行った思い出が。今も事あるごとに訪れる、大好きなお店です。ここで修業して、下北沢で開店された「かつ良」もおすすめ。

上等なヒレカツはもちろん、
民芸調のインテリアもファン。

はみだし
ホリデイ

Diamond & Flower Ferris Wheel
（葛西臨海公園）

成田空港からのリムジンバスで、いつもイルミネーションを眺めている葛西臨海公園の「ダイヤと花の大観覧車」。東京一高い観覧車で、17分の空の旅。年々高所が怖くなっているので、おしりがムズムズ。公園内には広い干潟や水族館もあって、楽しい休日を過ごせます。

対岸のディズニーランドがよく見える

広大な広場にたっているので、観覧車を見あげてごろごろできるよ。

ASAKUSA
浅草 ノスタルジア

「浅草花やしき」で一番好きなのは日本最小クラスの観覧車*。

左がビールジョッキ（アサヒビールタワー）、右が金の炎（スーパードライホール）。

大正10年に建てられた「神谷バー」のビル。

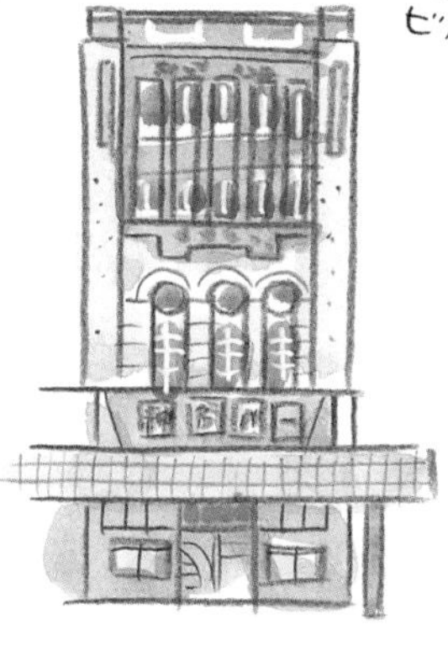

雷門の正式名称は「風神雷神門」。

東京メトロ銀座線4番出入口の寺社風上屋は、昭和2年築。

前作『東京ホリデイ』でトップを飾った浅草。
東京人の自慢の街だもの、今回もはずせません。
老舗店のやさしい江戸っ子たちが、いつでも気持ちよく迎えてくれます。

*観覧車は現在はありません。

朝な夕なに浅草寺

戦災で焼失した本堂。現在のものは、昭和33年に再建された。
鉄筋コンクリート&チタン瓦。
友人Hちゃん

◆浅草寺　台東区浅草2-3-1

青空の浅草寺はもちろん、夜も素敵。
17時ごろの本堂閉門後もおすすめです。

四万六千日
御祈祷受付所

「四万六千日」の日の本堂。毎年7月9日、10日は、4万6千日参拝したのと、同じご利益が得られる"功徳日"。

雷門を入り、参道に小さなおみやげ店が並ぶ仲見世は、外国人旅行者や修学旅行生でいつも大にぎわい。２つ目の宝蔵門をくぐると、目に飛び込んでくる本堂の荘厳な瓦屋根。何度見ても胸のすく、実にかっこいいお寺です。

ここでの恒例行事は、おみくじ。銀の箱を振って、出てきた棒に書かれた番号は、百。わぁ、なんだか縁起が良さそうだ。「百」の引き出しに入っていたのは――「凶」みくじでした。ここで凶を引くのは3、4回目。職員さんに、「けっこうな確率で凶を引くんですけど」と訴えたら、「3割入っているんですよねぇ。でもくじにも書いてあるように、心がけ次第で吉に転じますよ」とのこと。凶が3割……人生もそんなものかもしれません。みくじ掛けに凶おみくじをキュッと結んで、「慢心するなってことね」と気持ちを切り替えました。

天井の天女の絵を眺めたり、本堂から参道を見おろしたり。浅草寺《せんそうじ》に参るだけで、散歩の半分は終えたような、満ち足りた気分に。

7月9,10日の 四万六千日
には、境内に夏の風物詩
ほおずき市が立つ。

四万六千日のみ授与される
雷除けのお札。
簡素でかっこいい。

リーゼント?!が
いなせな姐さん

仲見世のひょうたん&赤提灯

かすがい(木材を
つなぐ金具)を
図案化した
紋様

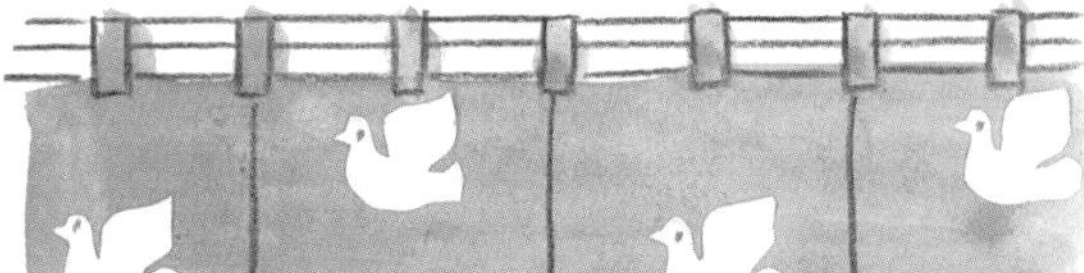

仲見世「木村家人形焼本舗」
のハトのれんのファン。

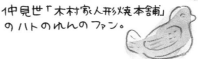

おみくじのひきだしをあけた
瞬間、笑って
しまった。

古来のおみくじの
割合にのっとっているそう。
ちなみにHちゃんは
大吉!

仲見世の江戸趣味小玩具「助六」で
お買い物。

友人の飼い猫に似た招き猫をプレゼント。
自分には豆桃太郎。包み紙もかわいい…!
小さき美しいものがいっぱいで、時を忘れる。

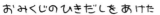

浅草・町の喫茶店

銀座ブラジル

新仲見世通りの商店街を見おろす、
2階の喫茶店。
ソーセージとベーコンが
Wで入ったホットドッグ
なにもかもがいい
塩梅…
元祖フライ
チキン
バスケット
1,000円
ボリューム満点
サックサク！ピクルスとの
相性が最高すぎる。

◆銀座ブラジル
台東区浅草1-28-2 2階

浅草は歴史ある昭和の喫茶店の宝庫。今回訪れた昔ながらの2店は、町の人に愛される浅草らしいお店。

浅草なのに銀座でブラジルな1店目の「銀座ブラジル」は、創業昭和23年。風通しのよい雰囲気はもちろん、料理がとにかくおいしい。マダムの、親しみあふれる接客も最高です。

同行のHちゃんが、「気になるけどいつも常連さんでいっぱい」と案内してくれたのが、路地にひっそりとたつ「珈琲アロマ」。カウンターだけのお店ですが、一見《いちげん》の私たちでもとても居心地がよかった。やわらかなご夫婦のもてなしに、心安らぐひと時を過ごしました。

ホッと息のつける古き良きお店と肩を並べ、「ペリカンカフェ」など新しいお店も顔を見せ、訪れるたびに開拓しがいのある浅草です。

珈琲アロマ

一度来店したら誰しもがファンになる。
今度は「ペリカン」のパンを使った
トーストメニューも食べてみたい。

スッキリ飲みやすく
おいしい
コーヒー。
…フレッシュジュースは
必飲！
アンズのジュース
なんてはじめて
飲んだけど
爽やか〜。

テキパキ無駄なく動くマスター、
かっこいい〜
ゆでたまご
60円

あまりのおいしさに、思わずレシピを
質問

◆珈琲アロマ
台東区浅草1-24-5

ペリカンカフェ

創業昭和17年の「パンのペリカン」が
2017年にオープンしたカフェ。
北欧風のモダンなインテリアの中、
とびきりのパンメニューを
楽しむことができる。

Pelican

炭焼トーストセット(650円/税込)にサラダを追加。

やっぱりおいしいねえ、と友と2人。
毎日食べるのにふさわしい、奇を
てらわない真面目なおいしさ…！

Pelican

ベーカリーのパンは、前日に予約すれば
確実に手に入る。食パンと中ロールを注文。
娘、モリモリ食べる。

◆ペリカンカフェ
台東区寿3-9-11
https://pelicancafe.jp/

浅草・かわいいもの

かまわぬ 浅草店

手拭い店 激戦区の浅草。
ここは2Fのギャラリーで、定期的に
よい展示をやっています。日本のみならず
インドやアフリカの工芸、作家さんの
手仕事の展示販売などなど。

Hちゃんが買ったカゴもリトアニアの

展示で並んだ雑貨が入れ替わりよく
登場するので、手拭い以外の買い物も
楽しい＊

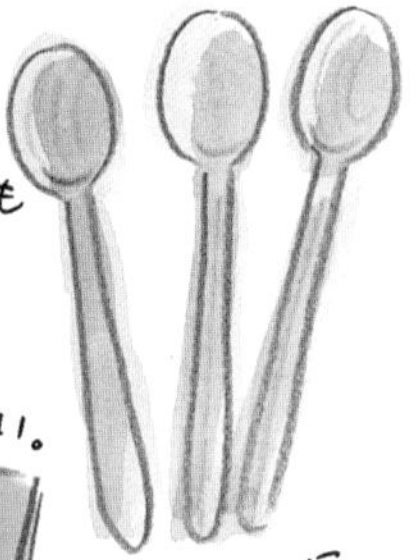

自分に友人に、
リトアニアの
木のさじを。

"おいしい風呂敷シリーズ"
米！ ハム！ モチーフがおもしろい。

ユニークでかわいい手拭いがいっぱいで、
贈りたい人の顔が次々浮かぶ。

◆かまわぬ　浅草店
台東区浅草1-29-6　https://kamawanu.jp/shop/

洋菓子レモンパイ

1981年にオープンした
パイとタルトのお店。
佇まいからして、陸奥A子先生の
まんがに出てきそうな愛らしさ。

小さなイートインコーナーもあります

包装紙も看板も……
あまずっぱい♡

しっかりレモンの酸味が
効いた、ふんわりレモンパイ。

舌でとろける
チョコレートケーキの
おいしさにびっくり。

◆レモンパイ
台東区寿2-4-6
https://lemonpie-asakusa.com/

フーコ

ここに来たくて、浅草をめざしてしまう。
かわいいものを愛する、おとなの女性が
ほしいものが そこかしこに。

Hちゃんが選んでいるのは
ハンドメイド・ニットメイカー
「SWISH!」の編みぐるみ。

Hちゃんが買った猫…

うちにも女のコがいるよ

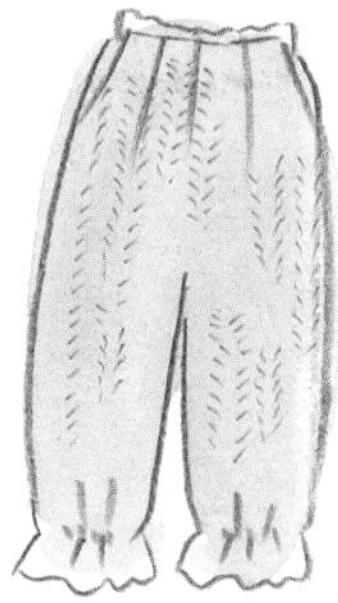

店主のフーコさんがはいていた、
内田ミシンさんのドロワーズにひと目ぼれ♡
私はデニムを、Hちゃんはウールのを購入。

◆フーコ
台東区寿1-20-11 1階
http://fu-koshop.com/

CEDOKzakkastore

チェコの雑貨や絵本がぎっしりで
ものすごい見ごたえ。
2つのギャラリーが併設
されていて、ひんぱんに
イベントが開催されています。

訪れたときはポーランドの
器展でした。
たまらない
かわいさ…。

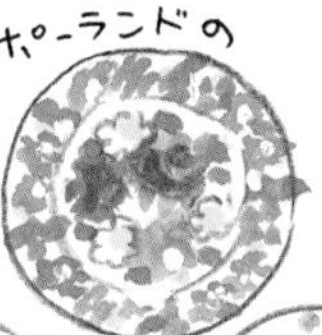

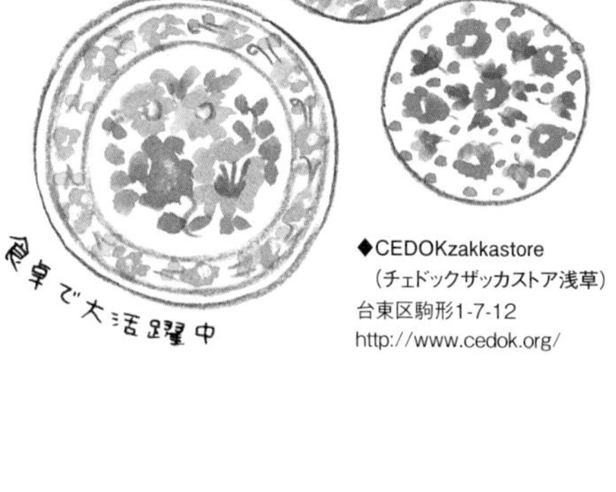
食卓で大活躍中

ギャラリーに続く中2階に、
巨大クルテク！
クルテクグッズも
豊富。

◆CEDOKzakkastore
（チェドックザッカストア浅草）
台東区駒形1-7-12
http://www.cedok.org/

老舗で食べる

駒形どぜう

創業1801年！ 200年以上
続く、老舗の中の老舗。
平日の夜は、会社帰りの
人でいっぱい。

「柳の下に二匹目のどじょう」の縁起を
かついで植えられたという、柳の木。

ごぼうとねぎをどっさり入れて、
割下をつぎ足して…楽しいなあ。
クセもなくやわらかでうまい！

"どぜう"茶碗、
カワイイ。

お運びさんが
若くて元気✳

前に母と来たときは、
座敷で食べました。
イベント度は数段アップ。
江戸のころを再現した、
長ーい板のテーブル。

◆駒形どぜう　浅草本店
台東区駒形1-7-12

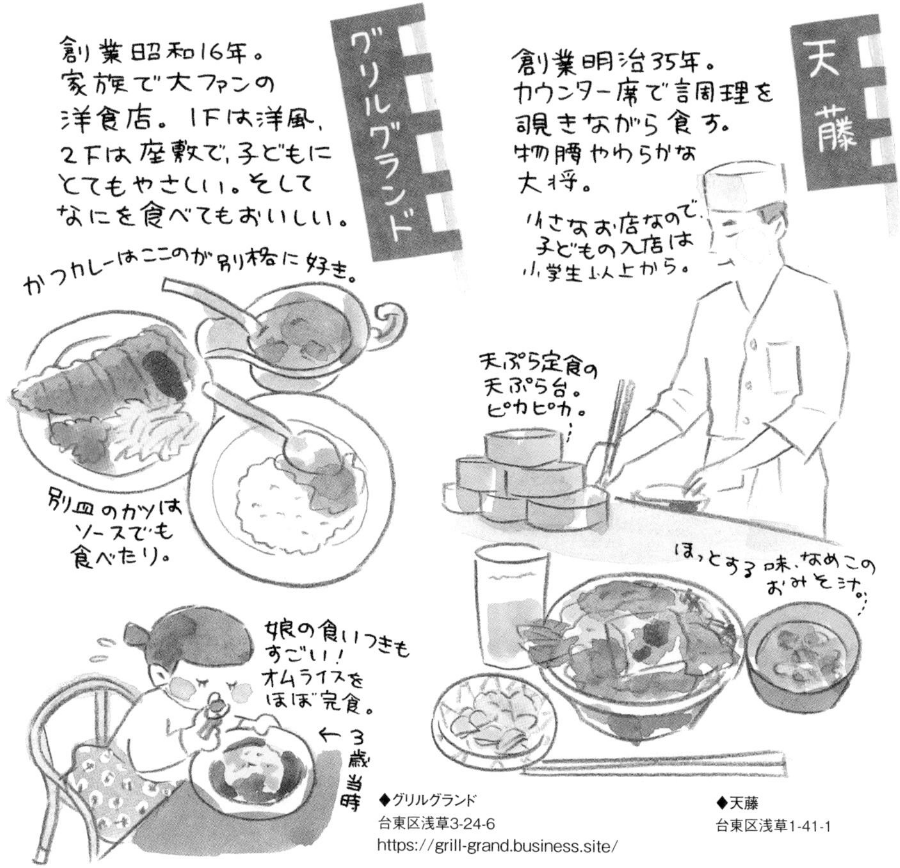
グリルグランド
創業昭和16年。家族で大ファンの洋食店。1Fは洋風、2Fは座敷で、子どもにとてもやさしい。そしてなにを食べてもおいしい。
かつカレーはここのが別格に好き。

別皿のカツはソースでも食べたり。

娘の食いつきもすごい！オムライスをほぼ完食。
←3歳当時
天藤
創業明治35年。カウンター席で調理を覗きながら食す。物腰やわらかな大将。
小さなお店なので、子どもの入店は小学生以上から。

天ぷら定食の天ぷら台。ピカピカ。

ほっとする味、なめこのおみそ汁。

◆グリルグランド
台東区浅草3-24-6
https://grill-grand.business.site/

◆天藤
台東区浅草1-41-1

うなぎに天ぷら、洋食、和菓子、数多く集まる食の老舗。江戸の頃から門前町として栄え、水路も発達していた浅草。新鮮な食材が豊富に入り、文化の中心だった所以《ゆえん》でしょう。

母が大好きで、一緒に訪れたこともある「駒形どぜう」。1階は名物の入れ込み座敷だけれど、腰の調子が悪く、今回は地下のテーブル席へ。静かな座敷に比べ、まぁ活気のあること。久しぶりに食べたどじょう鍋、若いころはここまでしみじみうまくなかったよなぁ。

興味のなかった天ぷらも、40代に入るころから好むように。そういえば浅草で食べたことがないね、と観光客でにぎわうお店で天丼を食べてみました。つゆで真っ黒の天ぷらはふにゃふにゃで、江戸前の天ぷらってこんな感じなのかな？　気になって、後日リベンジ。選んだお店は「天藤《てんとう》」。ここのはつゆにしっかり浸かってるものの、香ばしいサクサク感は健在で大満足。

天ぷら屋さんも洋食の名店も目白押しで、いろいろ食べ比べたいな。

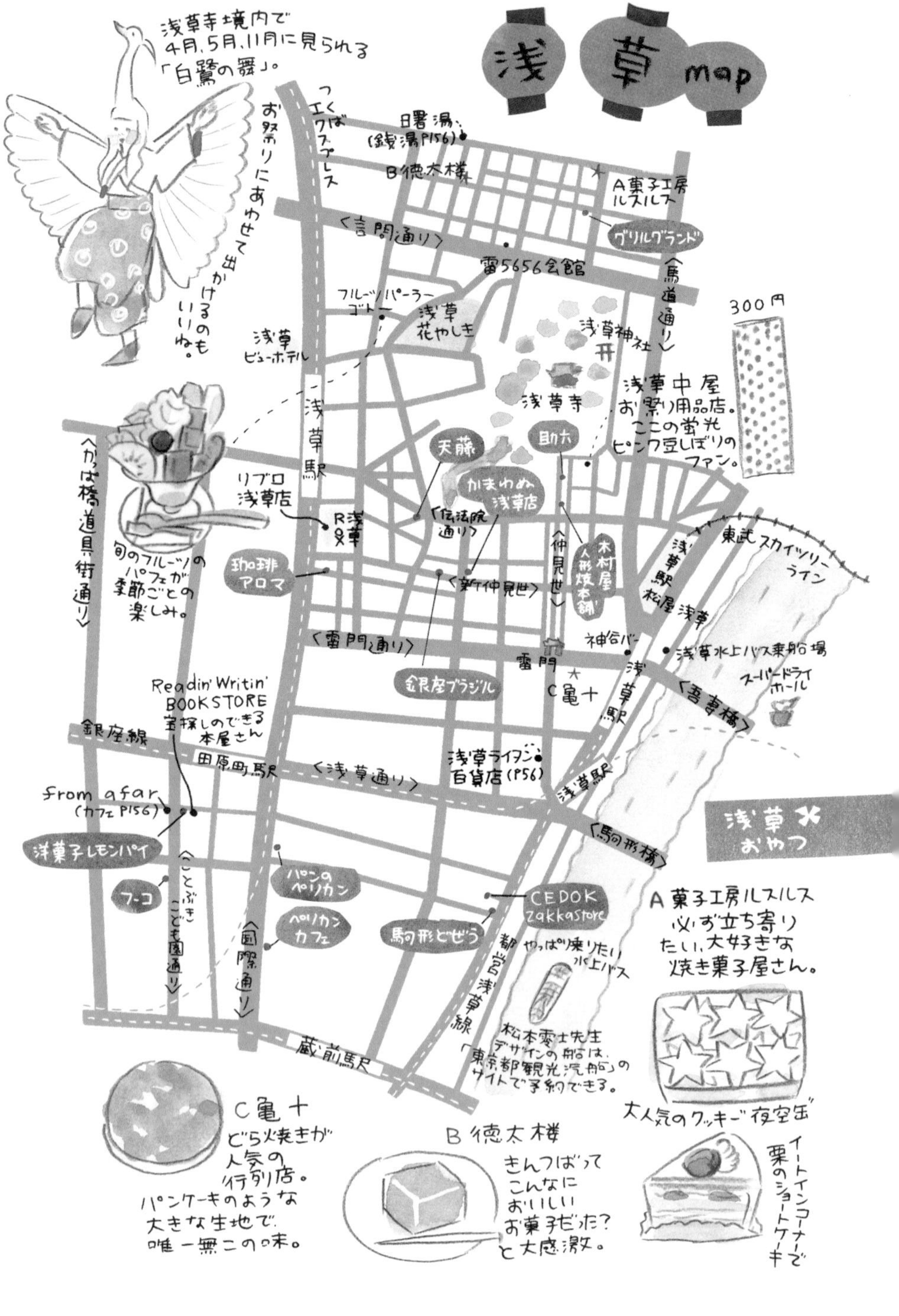
浅草 map
浅草寺境内で
4月、5月、11月に見られる
「白鷺の舞」。
お祭りにあわせて出かけるのもいいね。
つくばエクスプレス
曙湯
(銭湯P156)
B徳太樓
A菓子工房
ルスルス
グリルグランド
〈言問通り〉
雷5656会館
〈馬道通り〉
300円
フルーツパーラー
ゴトー
浅草
花やしき
浅草神社
浅草
ビューホテル
浅草中屋
お祭り用品店。
ここの蛍光
ピンク豆しぼりの
ファン。
浅草寺
浅草駅
〈かっぱ橋道具街通り〉
旬のフルーツの
パフェが
季節ごとの
楽しみ。
天藤
助六
リブロ
浅草店
ROX浅草
かまわぬ
浅草店
〈伝法院通り〉
〈仲見世〉
木村屋
人形焼本舗
東武スカイツリーライン
浅草駅
松屋浅草
珈琲
アロマ
〈新仲見世〉
〈雷門通り〉
神谷バー
浅草水上バス乗船場
雷門
浅草駅
スーパードライ
ホール
銀座ブラジル
C亀十
〈吾妻橋〉
Readin' Writin'
BOOKSTORE
宝探しのできる
本屋さん
銀座線
浅草ライヲン
百貨店(P56)
田原町駅
〈浅草通り〉
浅草駅
from afar
(カフェP156)
洋菓子レモンパイ
〈駒形橋〉
浅草
おやつ
パンの
ペリカン
フーコ
〈ことぶきこども園通り〉
〈国際通り〉
ペリカン
カフェ
CEDOK
zakkastore
駒形どぜう
都営浅草線
やっぱり乗りたい
水上バス
A菓子工房ルスルス
必ず立ち寄り
たい、大好きな
焼き菓子屋さん。
松本零士先生
デザインの船は、
「東京都観光汽船」の
サイトで予約できる。
蔵前駅
大人気のクッキー「夜空缶」
C亀十
どら焼きが
人気の
行列店。
パンケーキのような
大きな生地で、
唯一無二の味。
B徳太樓
きんつばって
こんなに
おいしい
お菓子だった?
と大感激。
イートインコーナーで
栗のショートケーキ

はみだし
ホリデイ

Asuka Parkrale（王子）

浅草の水上バスは東京でも好きな乗り物の上位ですが、忘れられないのが飛鳥山公園の日本一短いモノレール。王子駅前の乗り場から、桜で有名な飛鳥山公園入口まで高低差17.4m、片道2分の旅。都電も見えて、いい眺め。

「あすかパークレール」、
通称"アスカルゴ"。
園内にはD51や
都電（乗りこめる）も
展示されているよ。

東京の竜宮城

ホテル雅叙園東京

季節によって桜にススキ、
迫力のいけ花も必見。

エントランスの奥に、"招きの大門"。
いざ、夢の国へ……！

◆トイレ◆

豪華すぎるトイレ。
金箔の蒔絵に
螺鈿細工、個室の
天井では美人画が
ほほえむ。

◆百段階段◆

再訪時はいけ花展を開催中でした。

天井や窓の細工、ランプ…目が忙しい！

草花や魚に果物、おいしそうなものでいっぱいの一番好きな部屋。

星光《せいこう》の間

漁樵《ぎょしょう》の間

ヒノキの柱に、中国の故事「漁樵問答」の場面が彫られている。極彩色！

1928年に純日本式料亭として創業した、旧目黒雅叙園《がじょえん》。不動産で財をなした細川力蔵が、名だたる日本画家や職人・名工を集め、贅《ぜい》を尽くして造りあげました。現在も、平成はじめの大改装で復元・移築された豪華絢爛《けんらん》な美術品に彩られ、「昭和の竜宮城」と謳われた面影をとどめています。

まず度肝《どぎも》を抜かれるのが、巨大な〝招きの大門〟。掲げられた「目黒雅叙園」の額は旧目黒雅叙園の入口から移設したもの。百段階段のひな祭り展ではじめて訪れ、ここを通り抜けた時、異次元に吸い込まれそうで大興奮したもの。

創建当時のままに残された「百段階段」は、99段のヒノキの階段沿いに趣の異なる7つの座敷が並び、季節折々のイベントや食事・宿泊とのセットなどで見学ができる。階段に向かうエレベーターからして、全面がまばゆいばかりの螺鈿細工《らでんざいく》。夢の中へといざなってくれる、最強の非日常空間です。

一級の美術品だらけの和室宴会場で（左の写真のお部屋）、ヨガ＆ホテルラウンジでの朝食を楽しめる「モーニングヨガ」なども開催されていて、ゴージャス朝活、ぜひ体験してみたい。

◆ホテル雅叙園東京
目黒区下目黒1-8-1
https://www.hotelgajoen-tokyo.com/

はみだし
ホリデイ

Meguro River Cruise（天王洲）

友人12人ほどで乗り込んだ、「目黒川お花見クルーズ」の乗り合い船。天王洲アイルから出発して目黒川水門をくぐり、大崎〜目黒まで行って折り返す70分コース。いつもは上から眺める桜を川面から見上げ、持ち込んだビール飲み飲み楽しみました。

SHINJUKU
新宿 いつもの街で

わたしの好きな新宿駅

・東口地下通路・魚と鳥のタイル画

中央東口から「ルミネエスト」を抜け、「メトロプロムナード」へと続く通路。

JR中央線沿線に長く住んでいるので、一番馴染みの東京の繁華街。
街が変わっていく中で、駅だけをとっても古いものがしっかり残っているところが、
ごちゃごちゃしてても落ち着く要因なのかも。

・西口地下広場・

1966年の坂倉準三設計の構造物が残る一角。タイルの色合いがかわいい…。

朝の森で

朝は外国人旅行者が多いね
シジュウカラも朝のさんぽ。
新南口の「NEWoMan」は8時前後オープンのお店があるので、朝ゴハンを調達しても。
エキナカの「Wa's sandwich」や「沢村」「ロブション」などのベーカリー。

新宿駅から徒歩10分の場所に広がる「新宿御苑《ぎょえん》」。広大な敷地は、もともとは徳川家の家臣・内藤氏の江戸屋敷がたっていたのだとか。明治39年に皇室の庭園になり、昭和24年に一般公開がはじまりました。うっそうとしげる森に芝生広場、日本、イギリス、フランス式の各庭園に花々が咲き乱れる、大好きな公園です。

本格的に御苑の魅力を知ったのは、子どもを持ってから。お弁当を駅近辺で買い、友達と連れ立ってピクニック。のんびり寝転がったり、子どもと木立や広場をかけまわったり。

今日はひとりで、開園直後に訪れてみました。朝の光がふりそそぐ森を歩くと、ここが新宿の真ん中であることが信じられない。朝の御苑、いいなぁ。緑のにおいをいっぱい吸い込んで、元気をもらいました。

春のお花見も….

まぁるくてかわいいおはな…
4月中旬の八重桜は本当に見事。お弁当持ってお花見へ。
＊お酒の持ち込みはNG

5月の新宿門脇には、オオアマナの花畑。黄泉の国のような光景….。

大木戸門そばの大温室は、静かで見ごたえたっぷり。
渡り通路の上から、美しいシダの葉を眺める。

ツンベルギア・マイソレンシス…
花の下に、落ちた花びらがきれいに並んでた。

昭和2年竣工の台湾閣からの庭園の眺め。在台邦人から寄贈された建物。

◆新宿御苑
新宿区内藤町11番地
https://fng.or.jp/shinjuku/

園内には歴史的建造物も。明治29年築の皇族の休憩所。和風なヴィクトリアンで、かわいい。

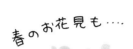

優雅な昼下がり

PARK HYATT TOKYO

＊THE PEAK LOUNGE Afternoon tea＊

・シグネチャースタンド 2,500円／1人・

三段スタンド＋さまざまなお茶が味わい放題。

ブルスケッタ、サンドイッチ、トルティーヤ
ほろほろ溶けるような口ざわりのスコーンが最高
ケーキ三種

内容は季節によって変わります。午後の回はスイーツやフィンガーフードのトレイがまわってくる（5.000円）。

＊DELICATESSEN＊

1階「デリカテッセン」の一角で、夏季にビアメニューが提供されることも。おいしいクラフトビールやアペタイザーが楽しめる。

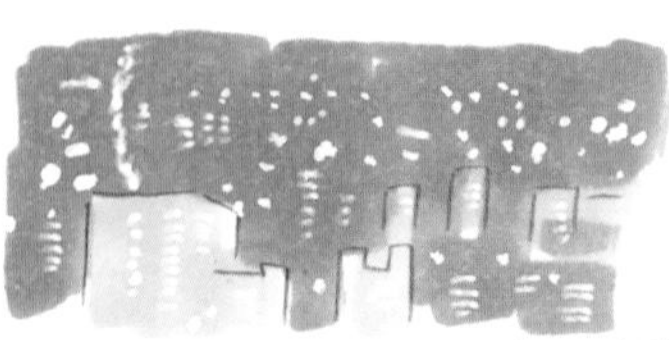

ビールのあとはピークラウンジでお茶を。夜景もすばらしい。

◆PARK HYATT TOKYO
（パークハイアット東京）
新宿区西新宿3-7-1-2
*価格は、サービス料・税別

きれいなピンチョスプレート付き♡
＊メニューは年によって変わります。

THE CONRAN SHOP
「パークハイアット東京」と同じ「新宿パークタワー」内のショップで、上質な雑貨を見てまわる。しあわせなひととき。
ナイフは本人が購入…
クチポールはポルトガルのメーカー
Hちゃん
THE CONRAN SHOP
Hちゃんの誕生日プレゼントに、ずっと欲しかったという「CUTIPOL」のフォークとスプーンを。
たっぷり入るオリジナルのリネンマルシェバッグ。白と迷って、ベージュっぽいグレーを。
ホテルの送迎車、「新宿パークタワー」のシャトルバスもあるけど、コミュニティバスも循環しています。
WE
「新宿WEバス」
バスから眺める街は新鮮….!

◆THE CONRAN SHOP
（ザ・コンランショップ）新宿本店
新宿区西新宿3-7-1
新宿パークタワー3・4階
https://www.shinjukuparktower.com/floor/all.html#conran

あちこちの街を歩きまわった20代がおわり、30代に入ると、学生時代からの相棒・Hちゃんと繰り出すのはたいてい新宿。目的は買い物なので、「伊勢丹」からはじまって、「ルミネ」閉店の22時まで（当時）、ほとんどデパートから出ないことも多かった。そんな風に過ごしてきたので、エリアはかなり偏っているけれど、私の好きな新宿をご紹介します。

この日のHちゃんとの待ち合わせは、ホテル「パークハイアット東京」。数年前、夏限定の〝パークブリュワリー〟を訪れてからのファンで、この日ははじめてのアフタヌーンティー。午後の本格的なものではなく、正午から2時間限定の、ライト版のメニューを、ランチ代わりにいただきました。

41階の「ピークラウンジ」からの眺め、高い天窓からの光を浴びて、なんて贅沢な気分。非日常にどっぷり浸かりたいときにぴったりです。〝パークブリュワリー〟もそうだけど、値段に対して満足度がかなり高いのがうれしい。

三丁目で遊ぼう

横丁の入口には、噺家さんの街路灯。
末広通り
末広通り
末廣亭
椅子席の両脇の、畳敷きの桟敷席が楽しい。
平日の昼間でも、けっこうなお客の入りです。
お隣「あづま」のオムライスは家庭の味がして好き。

◆末廣亭
新宿区新宿3-6-12
http://suehirotei.com/

◆ビフテキ家あづま
新宿区新宿3-6-12 藤堂ビル1階・B1階
https://azuma-shinjuku.owst.jp/

駅から「伊勢丹」方面に向かうのがほとんどなので、私の行動範囲はほぼ新宿三丁目だけ。新宿駅の住所も三丁目で、画材の「世界堂」がある交差点まで続いています。

三丁目の路地には歴史あるお店がたくさん残っていて、在りし日の街の風景をそのままに留めてくれています。中でも代表格は、「末廣亭《すえひろてい》」。東京で唯一、木造建築で残っている寄席で、今の建物は昭和21年に建てられたもの。昼の部と夜の部に分かれ、当日券でふらっと入れる敷居の低さ。落語だけでなく、漫談やマジックなど、幅広い演芸を気軽に楽しめます。

寄席のあとはすぐお隣の「ビフテキ家あづま」でボリューム満点の洋食か、あまたある飲みスポットになだれ込むか……。いつまでもノスタルジーを感じられる繁華街であってほしいなぁ。

IL Bacaro

本格的なヴェネツィアの味を楽しめるお店ですが、店先の立ち飲みコーナーが楽しくておいしくて、安い！

会社帰りのおじ様や女性、
ひとり飲みの人も多い。
このお店を教えてくれた飲み助Pちゃん。ここでサッと飲んで、さあくり出すよ！
生ハムとグリーンピース、スパークリングワイン×2杯で1000円！

◆IL Bacaro（イル・バーカロ）
新宿区新宿3-4-8 京王フレンテ新宿3丁目 B2階
https://ilbacaro.gorp.jp/

どん底

三島由紀夫や黒澤明も通ったという、欧風居酒屋。オープンは昭和26年。

ツタにおおわれている

穴蔵のように落ち着くカウンターに座ると、自然と隣の人と会話がはじまる。

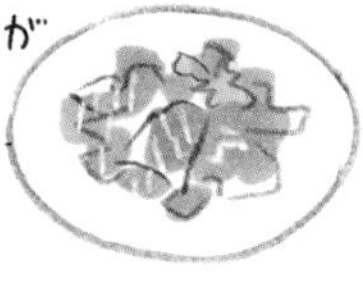
お店に50年通うおじ様がふるまってくれたエイヒレ

boil

渋い雑居ビルの階段を6階までのぼると、素敵な別世界が。
ヨーロッパの古い生活道具が所せましと並び、宝探しに没頭。

3
雰囲気たっぷりの階段をゆく

なにに使うか考えるのが
楽しい。
小さなマスタードスプーン
フランスの計量カップ

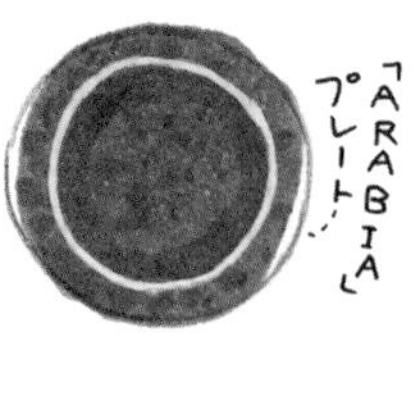
「ARABIA」プレート

◆どん底
新宿区新宿3-10-2
http://www.donzoko.co.jp/

◆boil（ボイル）
新宿区新宿3-1-32 新宿ビル3号館6階
https://boil-zakka.tumblr.com/

アカシア 新宿本店

美しい格天井が迫力…！
キャベツの絵

1963年開業のアカシア。クリームシチューにくるまれたロールキャベツで有名な洋食屋さん。木をふんだんに使った、角の丸みがやさしい建物も大ファンです。

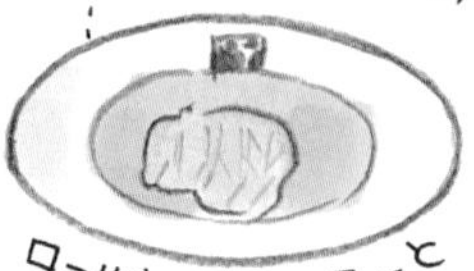
ハヤシライス。やわらかな牛肉とあまい玉ねぎでまろやか～。
ロールキャベツシチューとセットで1,700円(税込)

レジで買えるマッチ♡ 10円也

喧騒の路地に突如現れるクラシカルな世界。

ACACIA
アカシア

◆アカシア新宿本店
新宿区新宿3-22-10
http://www.restaurant-acacia.com/

BERG

JR新宿駅東口の改札を出てすぐの、みんな大好き・ビアカフェ「ベルク」。ここでひとり、ビールを飲む時間は、とても楽しい。隣で白ワインを飲む女性が待ち合わせていたのは、制服姿の娘さん。私もそんな母娘になりたいなぁ。

17時までやってるランチメニュー。皮パリパリソーセージのホットドッグ。500円
BERG!

おいしくて安い！
立ち飲みコーナーもあるけど、ソファがあいてたらラッキー。

◆BERG(ベルク)
新宿区新宿3-38-1 ルミネエスト新宿店 B1階
http://www.berg.jp/

新宿のロシア

スンガリー
東口本店

散歩のシメは、ずっと来たかったお店。
創業昭和32年、この地に移ったのは48年、
洞窟のようなクラシカルな店内は、ロシア情緒
満点。旅先にいるような錯覚に陥りました。

ロシアンビューティーな
店員さん♡

いちごとりんご
さくらんぼ
バラ
ロシアンティは3種の
ジャム付き

グリヴィ・ヴ・スミターニェ
つぼ焼きクリーム煮
マリノーブナヤ・ケタ
サーモンマリネのクレープ包み

かわいい階段をおりていく

3,700円のコースにしたら大ボリューム！
どれもマイルドでおいしい……＊

ゴルブツィ
ウクライナ風ロールキャベツ
ボルシチ
自家製ハリエプパン

◆スンガリー　新宿東口本店
新宿区歌舞伎町2-45-6 千代田ビルB1階
http://www.sungari.jp/store_east.php

新宿

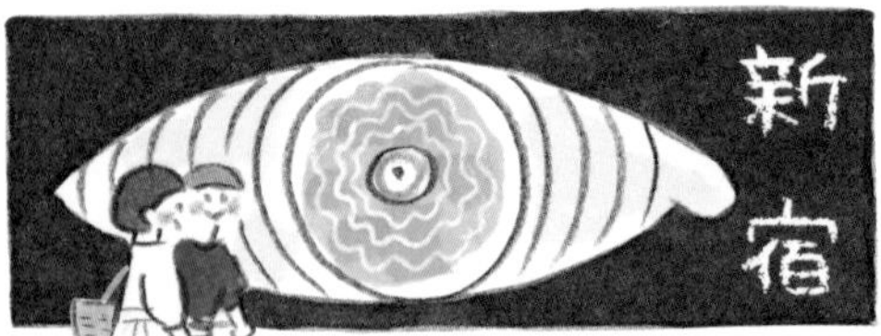

P39に描いた西口地下広場から
ほど近い、旧「新宿スバルビル」の
"新宿の目"にもあいさつを！

思い出横丁もゴールデン街も
外国人旅行者でいっぱい。
楽しいエリアだもんね。

西武新宿線
西武新宿駅
大久保病院
ズンガリー 東口本店
アカシア 新宿本店
ゴールデン街
花園神社
副都心線
新宿西口駅
丸ノ内線
思い出横丁
B凡
東口地下通路（P39）
〈靖国通り〉
アルタ
紀伊國屋書店 新宿本店
末廣亭
どん底
都営新宿線
「パークハイアット東京」、「新宿パークタワー」の送迎シャトル乗り場。
ハルク
新宿エルタワー
新宿駅〈東口〉
西口地下広場（P39）
ブックファースト新宿店
Cらんぶる
伊勢丹
新宿三丁目駅
大江戸線
都庁前駅
〈中央通り〉
新宿の目（地下）
〈西口〉
小田急
新宿駅
ルミネエスト
A珈琲西武
マルイ
世界堂
新宿三井ビルディング
55HIROBA
大江戸線
京王
大塚家具
新宿三丁目駅
〈新宿通り〉
東京都庁
ルミネ
ルミネ2
〈南口〉
BERG
IL Bacaro
boil
京王新線
新宿駅
小田急線
NEWoMan
〈新南口〉
タカシマヤ
新宿門
京王線
ベーカリー&レストラン沢村
〈明治通り〉
新宿パークタワー
パークハイアット東京
THE CONRAN SHOP
〈甲州街道〉
新宿御苑

新宿お茶どころ

C らんぶる

クラシックな地下フロア。
落ち着いて座れるので、
足が向いてしまう。

B 自家焙煎珈琲凡

地下におりると
そこは静かな
コーヒーの空間。
ポットでたっぷり2杯。

こだわりの器の
説明カードが
ついてくる。

A 珈琲西武

1964年オープンの
昭和グランド喫茶。

真紅のソファに、つい長居。

レトロなパフェが
人気ですが、シフォン
ケーキがおいしい。

はみだし
ホリデイ

Nodo Jiman（新宿）

毎年8月のおわり、「新宿三井ビルディング」の55HIROBAで繰り広げられる熱狂の3日間。1974年のビル竣工時から続いている、「新宿三井ビルディング会社対抗のど自慢大会」。ビルのテナント企業の社員たちのレベルの高すぎるステージと、シュレッダーの紙吹雪が舞う熱い応援合戦に胸打たれる。

広場のまわりも
観客が鈴なり！
無料だけど、
入場制限が
出るほど人気。

はみだし
ホリデイ

kūchū teien（池袋）

池袋のお気に入りスポットは「西武池袋本店」の屋上。一角にモネの庭が再現されていて、なかなかの本物志向。季節ごとに花が咲き乱れ、とてもきれいです。遊具や芝生広場、フードコートもあって、かなりのんびりできます。

"食と緑の空中庭園"。
おしゃれなフードとともに、昭和43年から
営業を続けるうどん「かるかや」も。

GO TO MARKET
市へでかけよう

青山通りの国連大学前の広場で、毎週土日に開かれている
「青山ファーマーズマーケット」。
用事のついでにふらっと寄って、
ビールでひと休み。
産直野菜に果物、焼き菓子をおみやげに。
古着やアンティークもあるよ。

季節市に骨董《こっとう》市、バザー、東京のあちこちで開かれているマーケットや市。
散歩のルートに組み込めば、充実の休日になることうけあい。

深大寺だるま市（調布）

積んである段ボールも、だるま。

毎年3月3、4日に開かれる、深大寺《じんだいじ》だるま市。厄除元三大師大祭にあわせて、約300もの縁起だるまの店が並びます。

その名も「だるま開眼所」
あんな小さいだるまにも…

お坊さんが梵字で目入れをしてくれる。買ったときには阿吽《あうん》の阿の字、願いが叶うと吽の字を。

“だるま抱き招き猫”かわいい!
美人さん
おかめだるま

郷土玩具「多摩張子」のお店も数店舗あります。

蕎麦《そば》店が20軒ほど並ぶ深大寺。蕎麦を食べて、お隣の神代《じんだい》植物公園へ。ちょうど梅が花盛りのころ。

お蕎麦は「深水庵」と決めています。

色とりどりの梅

◆深大寺
調布市深大寺元町5-15-1

不忍ブックストリート 一箱古本市（谷中・根津・千駄木）

全国で開催されている「一箱古本市」の発祥がこちら。個人やグループがダンボール一箱分の古本を持ち寄って、街のあちこちに小さな古本マーケットが並びます。

トランク、木箱、本当に"一箱"なのね
お店の軒先を借りて市が立つ。

店先でもらえるマップ片手にぶらぶら。
MAP 2019

根津教会の前も会場に。千駄木《せんだぎ》、谷中《やなか》、根津《ねづ》、古い建物が並ぶ味わい深い路地を散歩しながらの古本探しは、それはもう楽しい。

ここでチロルの民族衣装の本を購入。
1919年築の木造教会
買い食いしながら….
やわらかい〜
「根津金太郎飴」できなこ飴
「大平製パン」のコッペパン

◆不忍ブックストリート　一箱古本市
https://sbs.yanesen.org/

手創り市とみちくさ市
（雑司が谷《ぞうしがや》）

手創り市 ◆

毎月開催。11月の鬼子母神はイチョウが色づき、とてもきれい。

隣接する鬼子母神《きしもじん》と大鳥神社の境内《けいだい》に、手製の品を並べたかわいいブースが連なる市。お店の方が皆さんとても気持ちよく、あたたかな雰囲気が会場を包みます。

◆手創り市
豊島区雑司が谷3-15-20

お買い物

雑貨は布小物に木工、お花、アクセサリーと多彩なラインナップ。宝探しがとにかく楽しいお買い物。

リースやスワッグがステキな「harihari」
「纏《まと》う金属」真鍮と淡水パールのリバーシブルピアス。
「前田洋工作室」の木のボウル。なんにでも合う。
2,000円
友人がユーカリの葉のドアベルを。

パンにスコーン、おいしそうな焼き菓子のお店がところ狭しと並ぶ。クリスマス前はシュトーレンがたくさん。

フード
…屋台もかわいい「COCOfulu」。
オレンジとアールグレイのケーク
シュトーレンは境内のみみずくベンチで食べました。
cafe

鬼子母神参道を抜け、お次は商店街沿いの古書市へ。年5回ほど、街の文化祭のように小さな古書店が並びます。

古いおうちや緑いっぱいの鬼子母神周辺は最高の散歩コース。住みたくなっちゃうな。

みちくさ市◆
けやき並木を抜けると……
絵本ハントに燃えた！
100円
絵本作家・中谷千代子 作、夫の貞彦氏画の絵本。
参道の「雑司が谷案内処」で郷土玩具のすすきのみみずく。
1,000円
和菓子「ときわ木」でかわいいお菓子をおみやに。
みみずく印のもなか♡おいしい！
おにどら焼き

◆みちくさ市
豊島区雑司が谷2丁目　鬼子母神通り周辺
https://kmstreet.exblog.jp/

浅草ライヲン百貨店（浅草）

浅草のレトロビルを貸し切って、春と秋に2日間ずつ開かれる乙女市。ビンテージのアクセサリーや雑貨、オリジナルの服など、ロマンチックな品々が並びます。

ガレージは楽しい古道具コーナー
1934年築の元銀行「ライヲンビル」。35ブースほどの蚤の市。
入口にはおしゃれな花屋さん

混雑を避け、初日の午後に行ったけど大にぎわい。

屋上では焼き菓子やカフェスペースも。階段や踊り場まで、装飾が美しい。

戦利品
「KIKÖNO」のリネンストール。秋〜春までヘビロテ！
5,500円
入口でドライのペッパーベリー
1,000円
大好きなアクセサリー「Hallelujah」も出店。

「mémé BROCANTE」で友人が買った、1920年代のソルト＆ペッパー入れ。

◆浅草ライヲン百貨店
台東区雷門2-11-10 LION BUILDING STUDIO
https://lion-department-store.jimdofree.com/

ニコライ堂バザー（御茶ノ水）

滋味深いボルシチは
バゲット付きで800円。

うららかな陽の光の中、できたてボルシチとピロシキを食べているその場所は――「ニコライ堂」。恒例の秋のバザーは、おいしいもの、かわいいものいっぱい。

りんごケーキに
オートミールクッキー、
ミートパイが
かごに山盛り！

お目当てはバザーの花形、手作りのお菓子や品々。

現在の聖堂は関東大震災後の1929年に修復されたもの。

レトロなナイロンバッグ10円！
ニットベレー300円
ニットがま口200円

正式名称は「東京復活大聖堂教会」。普段も見学できるけれど、この日は聖堂の隅々までじっくり楽しめるのがうれしい。子ども服や、大人服も掘り出し物が。

松ぼっくりのオーナメント

フェルトのオーナメント

婦人会のおばさまたちによる手芸作品が最高。

CDのリサイクル壁かけ
オール300円

◆東京復活大聖堂教会
千代田区神田駿河台4-1
http://nikolaido.org/

神田神保町の「神田古本まつり」と同時期なので、より道も楽しい。

酉の市（入谷《いりや》）

浅草 鷲神社
鷲神社
入口で神主さんが大麻《おおぬさ》をふり続ける

11月の酉《とり》の日に開運招福、商売繁盛を願う祭り。福をかき集める熊手の露店が大集合。

浅草の鷲《おおとり》神社の市は、都内最大規模。人出も規模も大迫力です。

小さな熊手、かわいいな。来年の仕事への決意を新たにする、大切な行事です。

お目当ての露店は、よし田。手書きの紙と、藁で手作りされている素朴な熊手。小さなサイズですが、お願いすると手締めをしてくださいました。感激。

威勢のいい手締めの音があちこちから。

屋台もたくさん出るので、一杯飲んでいくのもいい。

長國寺
熊手守りが"こめ"を求めると火打ちしてくれる。
おみくじはお坊さんが引いてくれる。
おみくじ好きの娘→

昔は鷲神社と同じ敷地だった、お隣の長國寺。同じく熊手市が立つこちらは、お札授与所がユニーク。

◆鷲神社
台東区千束3-18-7
https://otorisama.or.jp/sm/

◆長國寺
台東区千束3-19-6
http://otorisama.jp/

クリスマス マーケット（芝公園）

2015年からはじまった、「東京クリスマスマーケット」。東京タワーを望む芝公園に、クリスマスグッズのストールや飲食店がにぎやかに並びます。

人気だったマトリョーシカ屋さん

オーナメントショップ

◆クリスマスマーケット（芝公園）
都立芝公園（都営三田線御成門駅前）

娘は大よろこび！

灯ともしどきは幻想的….

グリューワイン
600円
（マグカップ付きは
+500円）
ジャーマンブルスト7本盛り
1,000円

ピラミッドのまわりには飲食ブースがずらり。ホットワインやビールで乾杯。

ドイツからやってきた、高さ14ｍのクリスマスピラミッド。

東京タワー散歩の帰りに、ぜひ。

はみだし
ホリデイ

Kamikawaguchi-ya（雑司が谷）

手創り市の会場、鬼子母神境内に立つ駄菓子店「上川口屋」。1781年に飴屋さんとして創業した超老舗。近所の子どもたちや親子連れがひっきりなしに訪れ、気さくな女将《おかみ》さんとのおしゃべりも楽しい。棒きなことあんこ玉、おいしかったな。境内にはほかにお団子屋さんもある。

上川口屋
味わい深い小屋は明治維新のころに建てられたのだとか。

HARAJUKU・AOYAMA

ノスタルジック 原宿・青山

いつでもバラが14本飾られる
「カフェ アンセーニュダングル」。

表参道、青山通り、キャットストリート、明治通り、竹下通り。
通りによって全然違う顔を見せる原宿・青山界隈《かいわい》は、
東京文化の象徴みたいな場所。
きっといろんな世代それぞれの、青春の残像が漂う街です。

原宿・面影さんぽ

OMOTE SANDO HILLS
'90Sファッションに身を包むヤング

「表参道ヒルズ」に生まれ変わった「同潤会青山アパート」は、一部保存され、ギャラリーなどが入っています。

小学生のころ、母と時おり表参道を散歩しました。「生活の木」、「オリエンタルバザー」、「クレヨンハウス」などを覗き、「同潤会青山アパート」を見下ろす一等地にあった「シャノアール」で休むのがいつものコース。中学の同級生とはじめてデートをしたときには、「表参道なら少しわかる」と背伸びして出かけました。はずかしくてどこのお店にも入れず、言葉少なにただ並木道を往復して、地元駅に帰ったっけ。高校生になって「ラフォーレ原宿」のバーゲンに初参戦、大学生～20代のはじめは古着、雑貨屋さんめぐりに精を出しました。

思い出はたくさんあるけれど、表参道～青山は自分がいい歳になっても、いつまでも「大人の街」のイメージ。60年代半ばから流行の先端をいく街であることはもちろん、落ち着いたケヤキ並木のせいでしょうか。そしてあのころのままの、「憧れの街」の面影をつい探してしまいます。新しい顔と昔ながらの懐かしい姿を楽しむ、原宿散歩です。

青山を歩けば、おしゃれな大人とすれちがう…。
いかにも上質そうなダッフルコート
1924年築の、なんとかわいい旧原宿駅舎＊。
散歩当時はまだ現役中。
1965年、東京オリンピックの翌年に建てられた「コープオリンピア」。
表参道裏手の入口から静かに見学。
同行のY嬢も、スタイリッシュな50代。原宿っぽいファッション。
「山陽堂書店」の谷内六郎モザイク画も原宿的遺産。
壁画は1975年の「傘の穴は一番星」
鉢植え片手の、地元マダム。貫録のつる編みかごコーデ。
お社のような「オリエンタルバザー」。
外国人向けのおみやげ満載
＊新駅舎の隣に再現予定。

ときめきを探しに

La Fée Délice

すみずみまで手のこんだインテリアで、目にも舌にもしあわせな ガレットクレープ屋さん。

カニの風味たっぷりのスープ（セット外）
ランチは3点セット1.500円（税込）
スイートクレープも美味…！
サーモンとレモンクリームソースのガレット
シードル
自家製コンポート
紅茶キャラメルソースといちじくのバニラアイスとシャンティ添え。

◆La Fée Délice（ラ フェ デリース）
渋谷区神宮前5-11-13
https://lafeedelice.business.site/

入口からトイレまで、お見事！

この界隈にノスタルジーを感じるのは、母との思い出のほかに、雑誌『オリーブ』の影響も大きい。とびぬけたセンスで、少女たちに夢の世界を見せてくれた『オリーブ』。誌面で見て実際に行ってみたり、幼い自分には敷居が高く、憧れ続けたお店の数々。そのころのきらめきが、街のあちこちに残っているから。

夢見たパリのロマンチックさが、そのまま形になったガレット屋さん。おいしくかわいいホットケーキ。30年、40年以上現役の雑貨の名店、そして大人も楽しめる古着店。新しいおしゃれに挑戦してみようかな、と思わせてくれました。

懐かしさとときめきを併せ持つ、いつまでも色あせない場所。

銀座ウエスト 青山ガーデン

木立ちに囲まれたテラスを有する
広い店内は、銀座店と同じく優雅な
時間が流れています。

ここと「ベイカフェ・ヨコハマ」でしか食べられない
とびきりのホットケーキ。
おかわり自由の
コーヒー、丁寧に
淹れてくれる。
ふわふわ フカフカの芸術的なホットケーキ。
おいしすぎる……!
飲みもの付きで1,500円(1枚)。

大きなストーブで、
初冬もあたたか。

◆銀座ウエスト　青山ガーデン
港区南青山1-22-10
https://www.ginza-west.co.jp/

カフェ 香咲

居心地のいい喫茶店の
看板は、まかないメニュー
だったという ホットケーキ。

絵皿いっぱいの
壁がかわいい。
イラストのメニューや
センスのよい器、
こだわりが
心地よいなあ。
レモン入りのお水

緑あふれる軒先

◆カフェ　香咲(カサ)
渋谷区神宮前3-41-1
https://cafecasa.net/

外はさっくり、中は
ふわふわ、昔なつかしい
"THE ホットケーキ"♡

南欧風のビンテージマンションに、'70年代から続く西洋民芸のお店。

グランピエ

パティオを囲むように器や布、キリムなどいくつかの売り場が並ぶ。

天井からはポットやピッチャーがぶらさがり、外国の市場に迷いこんだよう。
雑貨探しの楽しさを、ずっと教えてきてくれた。

寒ーい日で、おいしいチャイをごちそうになりました。

柄に目移りするスペインのボウル
1,800円

トルコのかご。小ぶりで持ちやすい。
3,500円

インドの男性が巻くサロン。テーブルクロスに。
3,000円

トルコ、華のキッチンミトン
3,500円

パキスタンのミルクピッチャー
350円

◆西洋民芸の店　グランピエ
港区南青山3-4-4 カサビアンカ
https://granpie.com/
*2020年10月に移転しました。P72のマップは以前の店舗です。最新の営業情報はHPをご確認ください。

Zakka

大きなテーブルや小部屋に、作家ものの器や、あたたかな風合いの生活雑貨が並ぶ。

3,200円

600円

井山三希子さんのオーバルプレートと、アプリコットのフォーク。

包みもかわいい。作家名を書いた紙をはさんでくれた。

やわらかな笑顔のオーナー吉村さん

ゆるがないセンスにほっとする、ずっと憧れのお店

◆Zakka
渋谷区神宮前5-42-9
グリーンリーブス＃102
http://www2.ttcn.ne.jp/zakka-tky.com/

Riyad vintage

緑いっぱいのエントランスに誘われてたどり着くと、濃厚なビンテージと色の洪水！

古着愛にあふれる気さくな竹村さん

モロッコのクッションカバー

かわいいバッグもいろいろ

大人気の'80s「ダイアン・フレイス」がどっさり。私もシックな一着を買っちゃった。

'80sのアメリカ「ジェーン・マーク」のジャケット

◆Riyad vintage（リヤド ヴィンテージ）
渋谷区神宮前5-12-10 鈴木マンション403
https://riyadshop.thebase.in/

青山・アートめぐり

根津美術館

根津家の私邸だったころの
面影を伝える庭園。

とにかく広い!
茶室に池に、神社もある。
花の少ない冬に、庭の彩りとして
置かれる"稲むらぼっち"が
あちこちに。

名前も形もかわいい

百椿図
コレクション図録

椿のころにしか
見られない「百椿図」。
江戸のはじめに巻き起こった、
椿園芸ブーム。
愛らしい椿の数々が、スタイリングも
おもしろく描かれていて大好き。

お庭を見渡せるカフェで
ゆったりランチ
ミートパイやハンバーグなど

フォトジェニックなエントランス

◆根津美術館
港区南青山6-5-1
http://www.nezu-muse.or.jp/
＊営業時間、入館方法についてはHPをご確認ください。

太田記念美術館

実業家・太田清蔵の浮世絵
コレクションをもとにした、私設美術館。
小ぶりな館内だけど、浮世絵コレクションは世界有数。

室内庭園があり、
落ち着く……。
畳にあがって
鑑賞するスペースも。

◆太田記念美術館
渋谷区神宮前1-10-10
http://www.ukiyoe-ota-muse.jp/

階段を4階まで上ると小屋が！

あお山ヒュッテ

あまたある
ギャラリーの
中でも、
とびきりユニーク。
ビルの屋上に
かわいい小屋が
たち、秘密基地のよう。

大好きな
鈴木いづみさんの展示

アクセサリー作家・acco
さんのアトリエショップの一角。

◆あお山ヒュッテ
港区南青山3-18-5 さくらapartment4階
http://aoyamahutte.com/

青山に来る目的の多くは、友人や好きな作家さんの展示を見るために訪れる、ギャラリー。数多くのギャラリーや洋書店、美術館も充実して、アートの街でもあるのよね。

「根津美術館」は〝鉄道王〟と呼ばれた実業家・根津嘉一郎が蒐集した、日本と東洋の古美術コレクションが軸となっています。広大な美しい庭園が、もうひとつの見どころ。

「太田記念美術館」は、「ラフォーレ原宿」の裏に静かに佇《たたず》む浮世絵の美術館。「根津美術館」もだけど、平日だというのにけっこうなにぎわい。中高年グループ、外国人観光客、美術学生風の若者など、引きもきらない。

美術館にギャラリー、せっかく魅力的なアートスポットがたくさんあるのだもの、散策の途中に気軽に立ち寄ってみよう。

＊開館情報はHPでご確認ください。

agnès b. galerie boutique

本国アニエスベーの
ギャラリーのエスプリを感じさせる、
写真やドローイングなどコンテンポラリー
アートを展示。ブティックの2階で
外から入れるので、立ち寄りやすい。

ポーランドの写真家 ヴェロニカ・
ゲンジツカの展示、すごくよかった。

ステキなコラボ商品が
あるのは、ブランドならでは。

◆agnès b. galerie boutique
（アニエスベー ギャラリー ブティック）
港区南青山5-7-25
ラ・フルール南青山2階
https://www.instagram.com/agnesb_galerie_boutique/

BLUE BRICK LOUNGE

おなじみ「ヨックモック」本店に
併設されたカフェ。テラス席も
あって好きなお店ですが、
美術コレクションを展示する
ミニギャラリーが見応え
たっぷりなのです。

お茶は“シガール”付き

◆BLUE BRICK LOUNGE
（ブルー・ブリック・ラウンジ）
港区南青山5-3-3
https://www.yokumoku.co.jp/store/tokyo/509/

Fergus McCaffrey Tokyo

“ニューヨークに本拠地を持つ
現代アートのギャラリー”なんて
敷居が高そうだけど、
おだやかで心地よいスペース。

ジャスパー・ジョーンズ
「Usuyuki」展
障子のような
壁が印象的。

Fergus McCaffrey

◆Fergus McCaffrey Tokyo
（ファーガスマカフリー トーキョー）
港区北青山3-5-9
https://fergusmccaffrey.com/

安心ごはん

原宿でいつも困るのがごはん。どこも混んでいるうえに
そこそこのお値段。つい足が向いてしまうのが、この2軒。

とんかつ まい泉
青山本店

2階の和室や
カウンター、テーブル席と
ある中、"西洋館"に
通されたらラッキー。
銭湯を改装したお部屋で、その
美しい格天井の開放感たるや。

お弁当で有名ですが、できたてヒレかつサンドは
お肉もパンもやわらかで甘みを感じる。

茶美豚《ちゃーみーとん》かつカレー
ヒレ 1,454円

安定のおいしさ。カレーも、ごはんと
キャベツがおかわりできる。

◆とんかつ まい泉 青山本店
渋谷区神宮前4-8-5
https://mai-sen.com/restaurant/

中華風家庭料理
ふーみん

中華風家庭料理のお店。
なにを食べてもおいしく、
いつも大にぎわい。

山盛りザーサイ

ランチ限定

ネバネバしすぎず
絶妙な
"納豆チャーハン"。
みそ汁付き1,350円
(税込/ランチタイム)

"豚肉の梅干煮定食"

◆中華風家庭料理ふーみん
港区南青山 5-7-17 小原流会館 B1階
https://fuumin.gorp.jp/

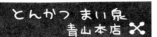

HARAJUKU・AOYAMA map

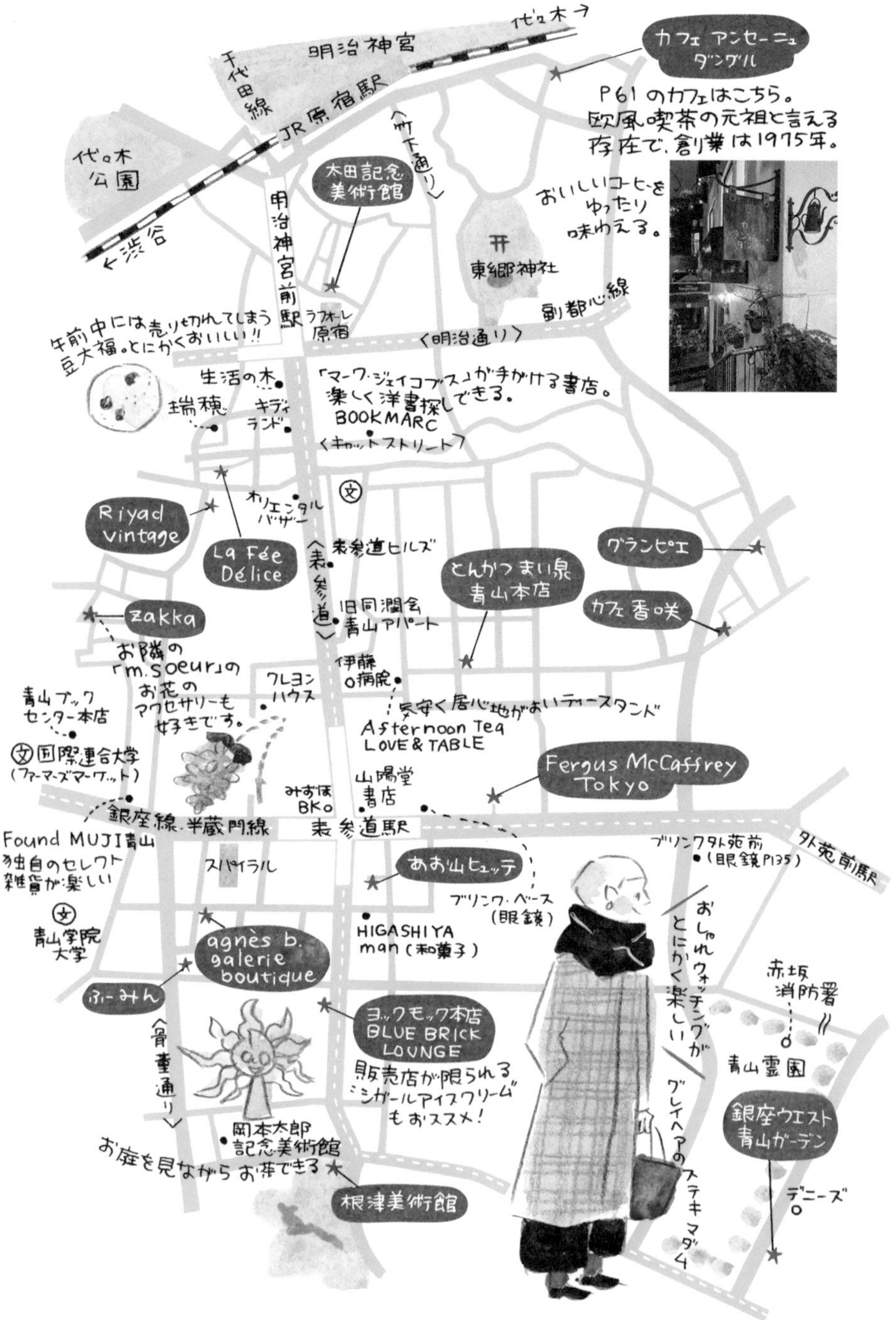

代々木→
明治神宮
千代田線
JR原宿駅
代々木公園
←渋谷
カフェ アンセーニュ ダングル
P61のカフェはこちら。
欧風喫茶の元祖と言える存在で、創業は1975年。
おいしいコーヒーをゆったり味わえる。
竹下通り
太田記念美術館
東郷神社
明治神宮前駅
ラフォーレ原宿
副都心線
〈明治通り〉
午前中には売り切れてしまう豆大福。とにかくおいしい!!
生活の木
瑞穂
キディランド
「マーク・ジェイコブス」が手がける書店。
楽しく洋書探しできる。
BOOKMARC
〈キャットストリート〉
オリエンタルバザー
Riyad vintage
La Fée Délice
表参道ヒルズ
〈表参道〉
旧同潤会青山アパート
とんかつまい泉 青山本店
グランピエ
カフェ香咲
zakka
お隣の「m.soeur」のお花のアクセサリーも好きです。
伊藤病院
クレヨンハウス
青山ブックセンター本店
気安く居心地がよいティースタンド
Afternoon Tea LOVE & TABLE
文 国際連合大学
（ファーマーズマーケット）
Fergus McCaffrey Tokyo
山陽堂書店
みずほBK
銀座線・半蔵門線
表参道駅
Found MUJI青山
独自のセレクト雑貨が楽しい
スパイラル
あお山ヒュッテ
ブリンク外苑前
（眼鏡P135）
外苑前駅
ブリンク・ベース
（眼鏡）
青山学院大学
HIGASHIYA man（和菓子）
agnès b. galerie boutique
ふーみん
おしゃれウォッチングがとにかく楽しい
赤坂消防署
ヨックモック本店
BLUE BRICK LOUNGE
販売店が限られる
“シガールアイスクリーム”
もおススメ！
〈骨董通り〉
青山霊園
岡本太郎記念美術館
グレイヘアのステキマダム
銀座ウエスト 青山ガーデン
お庭を見ながらお茶できる
根津美術館
デニーズ

はみだし
ホリデイ

d47 Shokudō（渋谷）

ごはんで一番困るのが、ここ数年でめまぐるしく変わる渋谷。駅直結の「渋谷ヒカリエ」8階にある「d47食堂」は、47都道府県の食をテーマにしたスタイリッシュな定食屋さん。体によくて、おいしいごはんに大満足。

“長崎定食” 松浦港のアジフライ。
器は併設のショップで買える。

開放的で眺めがいい

競馬場入門

ダイアモンドターン
(大井競馬場)
1人席から
パーティールーム
までさまざま
うーん
テーブルのモニターでオッズも見て……
マークカード
本日のレース表
憧れの"耳に鉛筆"
備えつけの
ミニサイズじゃ
サマにならず……
Kブロックの4名席　20.000円(税込/1人5.000円)
アーバンな雰囲気漂う入口
白身魚のポワレや
若鶏のパン粉焼き、
おつまみ、デザートも
充実。
アルコール飲み放題は
2.100円(2h)〜。
1杯目は
スパークリング♡
ローストビーフ

ATMのような店内発払機。
お金とマークカードを入れると
馬券が出てくる。
「カバトット」こい……！
↓好きな馬の名前賭け。
130円もうけた。
紫地に黄、黄色地に赤いダイヤ柄、
騎手のユニフォームが
かわいいなぁ。
8

夜にかけて開催される〝トゥインクルレース〟で有名な「大井競馬場」。都心からほど近く、モノレールで行ける東京の地方競馬場です。訪れたのは、場内の競馬観戦型ブッフェレストラン「ダイアモンドターン」で、9月生まれ4人組の誕生会を開くため。競馬場に入るのもはじめて、はりきって開門の14時に乗り込みました。

レース場全体を見渡せる一面のガラス窓で、明るく開放的なレストラン店内。ラグジュアリーな雰囲気にはしゃぎつつ、まずは腹ごしらえ。オードブルからデザートまで、なかなかの品揃えです。鉄板コーナーにはシェフが時おり現れ、ローストビーフや海鮮焼きそばを焼いてくれる。

競馬経験者2人に教えてもらい、100円ずつちょこちょこかけて、店内でレースも挑戦。最終的には少々損をしつつ、せこく楽しく遊びました。食べ疲れたら、広い場内を探検。パドックで馬を眺め、〝ぱかぱか広場〟で馬にさわり、夜はイルミネーションを堪能。結局最終レースまでねばり、お昼からおやつ、夕飯までひたすら食べて飲んで、みっちり7時間コース。コスパ最高の、楽しい宴でした。

◆ダイアモンドターン
品川区勝島2-1-2 大井競馬場内4号スタンド4階
https://diamondturn.com/
＊営業日などはHPでご確認ください。

はみだし
ホリデイ

Au Temps Judis（渋谷）

渋谷ごはんその2。原宿の紹介で触れた、雑誌『オリーブ』の世界。その当時、1985年から変わらぬフランスのカントリースタイルが素敵な「オ・タン・ジャディス」は、ガレットクレープの専門店。赤いチェックのクロスもお皿も、なにもかもがかわいい。

ランチコースは
ガレット、デザートクレープ、
飲み物がついてお得。

NIHONBASHI

日本橋　老舗の街を歩く

桜の季節には三越にピンクのれんが登場

江戸時代に五街道の起点の町として、早くから栄えた日本橋。
東京屈指のオフィス街であり、200～300年クラスの老舗が並ぶ伝統の街。
思いのほか桜でいっぱいの街を、咲きはじめの3月に歩いてきました。

水の上から日本橋

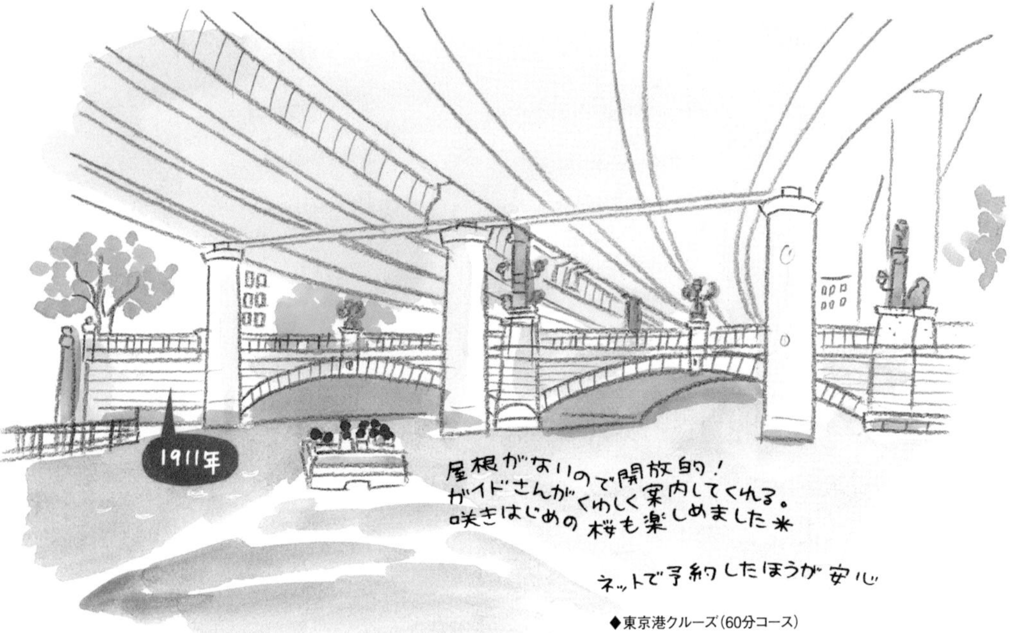
1911年
屋根がないので開放的！
ガイドさんがくわしく案内してくれる。
咲きはじめの桜も楽しめました
ネットで予約したほうが安心

◆東京港クルーズ（60分コース）
https://nihonbashi-cruise.jp/nbs060.html
（大人2000円～、小学生1000円）

東京に暮らして40年ほどになりますが、訪れるきっかけがなく、ほとんど足を踏み入れたことのなかった日本橋。老舗の百貨店やお店が並ぶ、年齢層も敷居も高いイメージだったのが、２０１０年の「コレド室町」の登場あたりから、だいぶ様変わりしたよう。完全におのぼりさんとして、街めぐりをしてきました。

メインイベントは、街の象徴・日本橋をくぐって出航する「東京港クルーズ」。日本橋川から隅田川を経て東京湾に出る、60分周遊コース。

現在の日本橋は１９１１年に架けられたもので、前の東京オリンピック前年の１９６３年に、橋の真上に首都高速道路が建設されました。出航してしばらくは、複雑に交差する高架の下を進む独特の風景。これもまた、東京ならではの風景だなぁとワクワク。

２０２０年秋から、首都高を地下に移設する計画が本格化するそう。日本橋から青空を眺める日が待ち遠しいけど、20年後（予定）には消えてしまう景色も、今のうちに楽しみたい。

低い…

普段は絶対に見られない橋の裏側。
関東大震災の時の焼け跡が迫力。

橋の字を書いたのは、
十五代将軍・徳川慶喜。
獅子がいっぱい…

東京証券取引所のすぐそば
1928年

旧「三菱倉庫ビル」と
新しいビルが合体！
1階に歴史展示ギャラリーも。
1930年

出航してしばらくは レトロビル群にうっとり。右：船のような
「日本橋ダイヤビルディング」(古い部分は1930年築) 左：白亜の「日証館」

佃水門をくぐり、雄大な隅田川へ。
その昔"大川"と呼ばれていたのも納得。

編集O嬢
最前列に座れた

飲食物の持ち込みは自由。
ビールで乾杯ッ。

クラシック建築探訪

ローマ神殿のような、威厳あふれる「三井本館」
は、お隣の三越とともにこの街のカオ。

夜はライトアップされることも。この日は桜色。

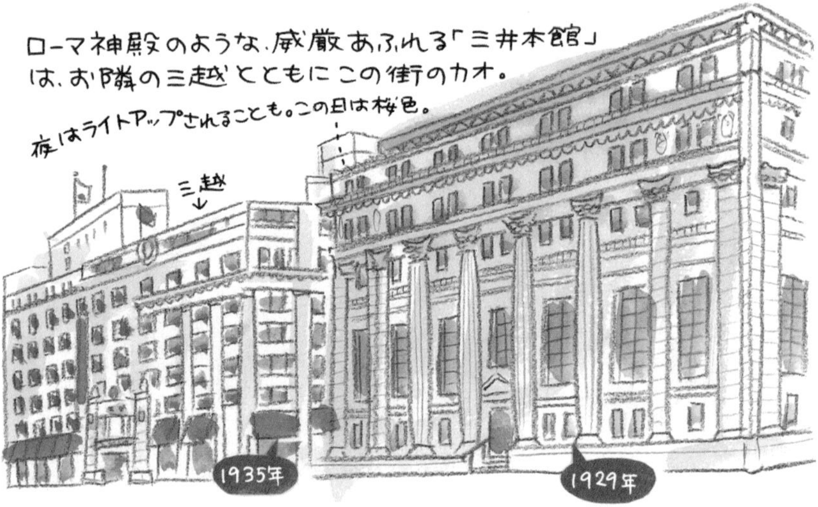

三井記念美術館

三井本館の最上階にある美術館。
旧財閥・三井家のコレクションを展示収録。
ほぼ毎年春に開かれる「三井家のおひなさま」展を見ました。

江戸時代の立雛。
松と藤＝男性と
女性の和合。
撫子＝子ども と。
着物の柄にも
意味がある。

昔の重役食堂を
そのまま生かした展示室。

明治〜昭和初期の
ミニチュア玩具の
かわいさに悶絶。

◆三井記念美術館
中央区日本橋室町2-1-1 三井本館7階
http://www.mitsui-museum.jp/

日本銀行 本館

東京駅の設計者・辰野金吾が手がけた本館。

1896年
若い娘さんグループも…

お札を発行する発券銀行であり、政府の銀行、銀行の銀行の役割を担う日本銀行。月〜金曜の1日4回、無料見学ツアーを開催（事前予約制）。

タロ物・1億円の模擬券パックの持ちあげも。

おも…!
ズシッ

壮麗な昔の正面玄関。馬車の時代の馬の水飲み場跡が残る。

◆日本銀行　本館
中央区日本橋本石町2-1-1
https://www.boj.or.jp/

La fresa

前出の建物に比べるとぐっと新しいけど、南欧風のデザインが見目麗しい喫茶店。

1977年
風見鶏がいるよ

格安で大充実のモーニングが食べられます。店名の由来であるいちご（スペイン語で"ラフレッサ"）が光輝く。気さくなマダムが切り盛り。

バタートースト+ハムエッグのAセット 500円

◆cafe La fresa（ラフレッサ）
中央区日本橋本町4-2-8

老舗デパートは楽し

日本橋三越本店

金・土・日の10時・12時・15時にパイプオルガンの生演奏。
童謡からポップスまで…
1960年
1930年

中央ホールの迫力の天女像《まごころ》、上の階から見おろすのもおススメ。

ルネサンス様式の本館がほぼ現在の形になったのは、1935年。国の重要文化財に指定されています。外観も内装も細かなところまで美しく、まるごと美術品のよう。

天井も必見。

本館屋上庭園から"金字塔"の意匠を間近に眺める。

入口に鎮座するシンボル・2頭のライオン像は英国生まれ。

前足ツルツル
1914年
さわると願いが叶う…?

◆日本橋三越本店
中央区日本橋室町1-4-1
https://www.mitsukoshi.mistore.jp/nihombashi.html

✳三越劇場（本館6F）✳

石膏の彫刻に大理石、
ステンドグラスやステンシルの
文様に彩られた天井、
ロココの世界に圧倒される。

1927年

座席以外はほぼ当時のまま

舞台袖の扉
昔の身長に合わせているので、ドアが低いんです。
…劇場を愛する副支配人の齊木さん

落語会など気軽な演目もあるので、
ぜひこの濃厚空間をご堪能あれ。

✳菓遊庵✳
（本館B1F）

*「向島 志満ん草餅」

全国の銘菓が
集う「菓遊庵」の
大ファン。季節の
お菓子や、都内の
名店の生菓子なども。

*水・金曜の11:30頃の入荷を予定していますが、事情により入荷が遅れたり、入荷がない場合もあります。

✳特別食堂 日本橋（本館7F）✳

往年の紳士、淑女に囲まれ
ながら、「東京會舘」の
おくばり"お子様ランチ"を。

日本茶レディが巡回
本格的なコーンクリームスープ
デザートのアイスクリームまで食べたら
お腹いっぱい。2,420円（税込）

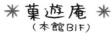

日本橋髙島屋
S.C.本館

日本の百貨店ではじめて重要文化財に指定された本館。天井やシャンデリア、柱の細工など、寺院を思わせる壮麗なデザイン。

1959年誕生

マスコットの"ローズちゃん"があちこちに(2020年2月当時)

1933年
ここにはいるかな……?

戦後に設置された和風シャンデリア

大理石の壁や柱に、アンモナイトが隠れてるよ(この中に2匹)。受付に化石ポイントのプリントも。

木欄干などの金の細工は、戦中の金属供出でなくなってしまったため、木製で再現されたもの。

創建時のエレベーターが現役。案内係の方が操作して動かす。木目調の大理石が美しい。

◆日本橋髙島屋S.C.本館
中央区日本橋2-4-1
https://www.takashimaya.co.jp/nihombashi/departmentstore/

屋上直通エレベーター

画家・東郷青児による扉絵

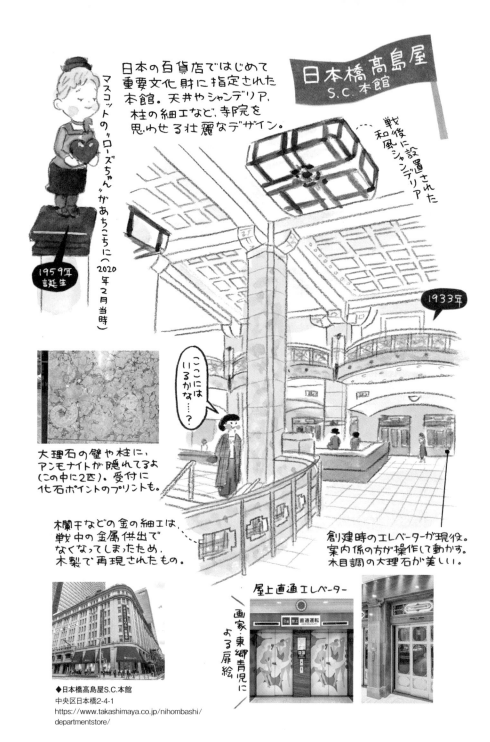

＊屋上庭園＊

1950年から4年間、象がいたという屋上。カフェや広場のある庭園になっています。

サンルームも憩いの場。
創建時の意匠も残存。

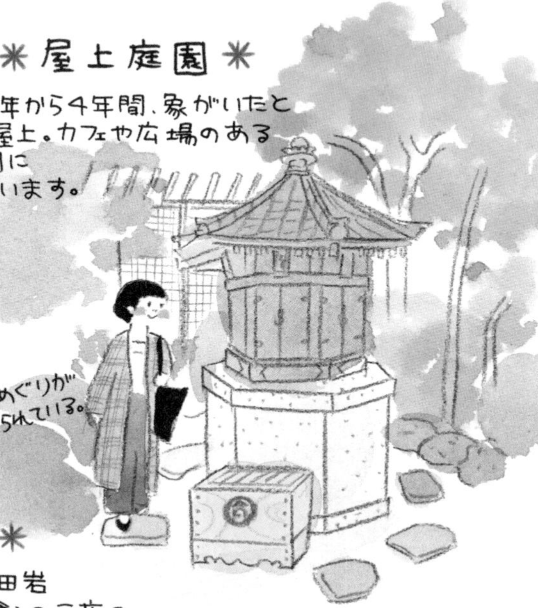

一周すると七福神めぐりができるお堂が祀られている。

＊特別食堂（8F）＊

帝国ホテル（洋食）、野田岩（うなぎ）、大和屋三玄（和食）の三店のメニューがそろう。ここでもやはり、“お子様プレート”。

チキンライスにささるバラがうれしい。

1,650円（税込）

しっぽのぎりぎりまで食べられるエビフライなど、丁寧に作られた洋食に、本物を味わわせる心意気を感じました。

アイスクリームもおいしかった♡

＊THE BEST CHOICE（B1F）＊

「アトリエうかい」に都立大「Addict《アディクト》 au《オ》 Sucre《シュクル》」、石神井「パティスリー ジュンウジタ」、都内の名だたるお店のおいしくてかわいいお菓子が大集合する、セレクトショップ。

三軒茶屋「やきがしやSUSUCRE《シュシュクル》」クッキーセット。
山脇百合子さんのパッケージがたまらない。

神田淡路町「近江屋洋菓子店」のマドレーヌ

おやつとごはん

千疋屋総本店

アメリカンショートケーキ

スペシャルパフェもいいけど、
このケーキの見目愛らしさと
きたら。アイスクリームが
はさまったスポンジに、
ホイップクリームといちご
ソース。たっぷりのミルクに
浸った不思議なメニュー。
これがまぁ、ほかでは
味わえないおいしさ。

◆千疋屋総本店　日本橋本店 2階 フルーツパーラー
中央区日本橋室町2-1-2 日本橋三井タワー2階
https://www.sembikiya.co.jp/shop-list/furuit-parlour

魔法みたい!…

夜、日本橋勤務の
ママ友とおち合いました。
バリバリの証券ウーマン。

鶴屋吉信　菓遊茶屋

京菓子の老舗「鶴屋吉信」。
生菓子の実演カウンターがあり、
職人さんの鮮やかな技を
じっくり見ることができる。

季節の生菓子
できたてでふわふわ。
お抹茶付きで1,430円(税込)。
美しい〜。

◆鶴屋吉信　東京店　菓遊茶屋
中央区日本橋室町1-5-5 COREDO室町3 1階
https://www.tsuruyayoshinobu.jp/shop/pages/tenpo_tokyomise_info.aspx

玉ゐ本店

めずらしい穴子料理専門店。
古民家の店舗も素敵。

柚子
だしでお茶漬けにも
やわらかくて、上品なお味。

焼きと煮上げを両方楽しめる
"合いのせ"の箱めし。3,000円（税込）
おみやにした穴子押し寿司も
大好評！

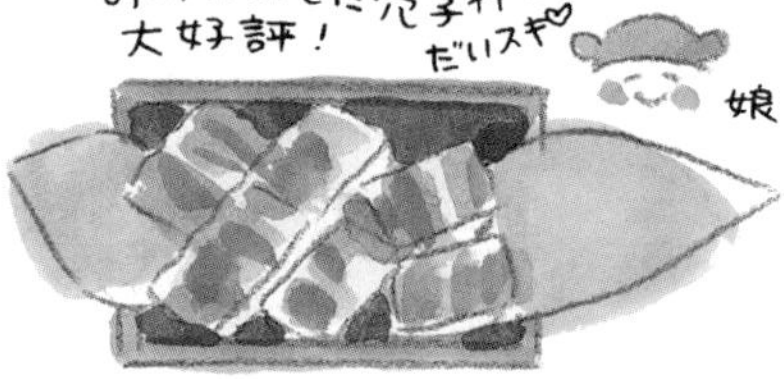
だいスキ♡
娘

お多幸

日本橋勤務の友人に
「並ぶよー」と言われた、
人気おでん屋さん。
名物"とうめし"は、
ごはんの上に豆腐の
おでんがドーンと
のった、味わいの逸品。

4階まであるので
回転は早い。

おでん、サラダ、みそ汁付きのとうめし定食
670円（税込）

◆お多幸本店
中央区日本橋2-2-3 お多幸ビル
https://a439400.gorp.jp
＊2020年8月現在、当面は休業

◆玉ゐ本店
中央区日本橋2-9-9
https://anago-tamai.com/nihonbashi/

たいめいけん らーめんコーナー

本店の一角にそっと佇む、
食券制の小さな立ち食い
コーナー。厨房の真ん前で
食べるのがなんとも愉快。

ずん胴鍋の目の前
ボルシチと
コールスローは
50円ですよッ

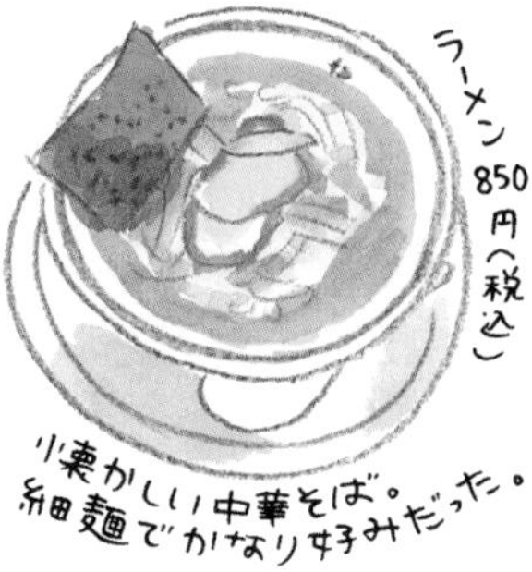
ラーメン
850円（税込）

懐かしい中華そば。
細麺でかなり好みだった。

◆たいめいけん
中央区日本橋1-12-10
https://www.taimeiken.co.jp/

老舗のおみやげ

Koki gift ✱
1 小倉織ハンカチ 2 はがねの爪切り 3 スイス・ルビスネ社の毛抜き 4 イタリア製鼻毛鋏 5 銀製耳かき(以上すべて木屋) 6 豚毛ブラシ(江戸屋) 7 豆楊枝入れセット(さるや)
木屋
SINCE 1792
6
7
1
5
4
3
2
✱"切れる"を連想させる刃物は、贈答用に「運を切り開く」旨の説明書きを入れてくれる。
刃物専門店。生活道具もさまざま並び、贈りもの探しにぴったり。
自分へは亀の薬味おろし。かぶや金魚などもある。

◆木屋
中央区日本橋室町2-2-1 COREDO室町 1階
https://www.kiya-hamono.co.jp/shop/kiya-honten.html

たくさんの歴史あるお店が並ぶ日本橋。そうだ、せっかく老舗の街でお買い物するのだから、特別なプレゼントを選ぼう。ちょうどもうすぐ、夫の父の70歳の古希祝い。刷毛《はけ》とブラシの専門店「江戸屋」で買った豚毛のブラシをきっかけに、大人の男性のグルーミング用具をセットにして、贈ることにしました。

ブラシといっても硬めの猪毛から柔らかめの豚毛、サイズもいろいろ。店先で悩んでいると、「私より髪が薄い方ですか?」と親身に相談に乗ってくれる店員のおじさま。答えに困りつつ、うれしいなぁ。刃物専門店「木屋」でも、ロマンスグレーの店員さんが、にこやかにアドバイス。

敷居が高いと緊張していたけど、思いのほかフレンドリーで実に気持ちよく、いい買い物ができました。

和紙の店「はいばら」。品よくセンスよくデザインされたかわいい紙雑貨に、女学生のようにときめきました。

函入りの蛇腹便箋セット。切り取って使う。小さいほうは10cm大の封筒付き♡

“レターセット”も“ちいさい蛇腹便箋”も、絵柄が豊富。

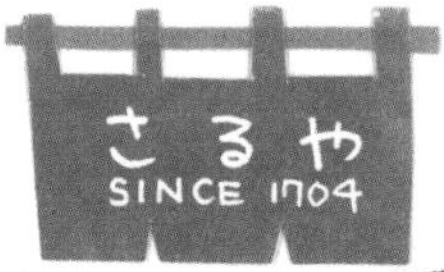

日本に唯一残る楊枝の専門店。

毎年発売される干支楊枝。店内に飾られた昔のコレクション、かわいい。

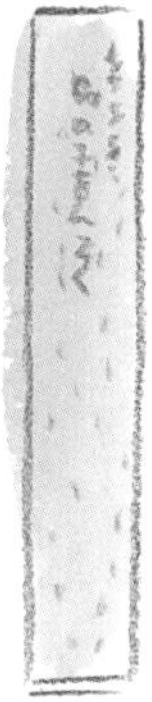

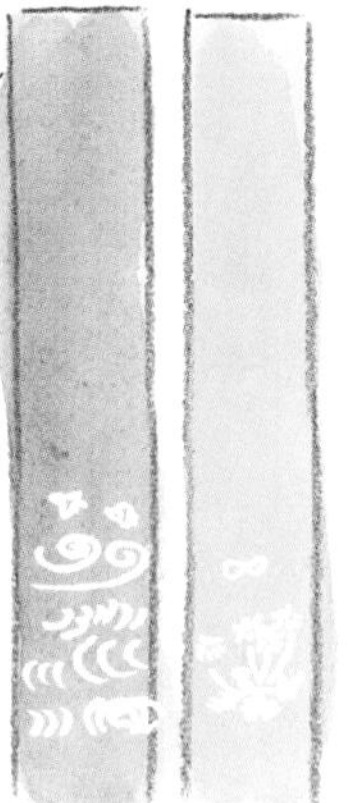

季節の絵が入った、練習用の短冊箋。お手紙を書きたい。

2000種類もの和紙が並ぶ大きな専門店。ビル内に和紙のギャラリーも。

急須用ブラシ、買いました。

キッチン、洋服、グルーミング用と幅広い用途のブラシが揃う。

大正の看板建築がかっこいい。

◆はいばら
中央区日本橋2-7-1
東京日本橋タワー
https://www.haibara.co.jp/shop

◆小津和紙
中央区日本橋本町3-6-2 小津本館ビル
https://www.ozuwashi.net/

◆さるや
中央区日本橋室町1-12-5
https://www.nihonbashi-saruya.co.jp/

◆江戸屋
中央区日本橋大伝馬町2-16
https://www.nihonbashi-edoya.co.jp/

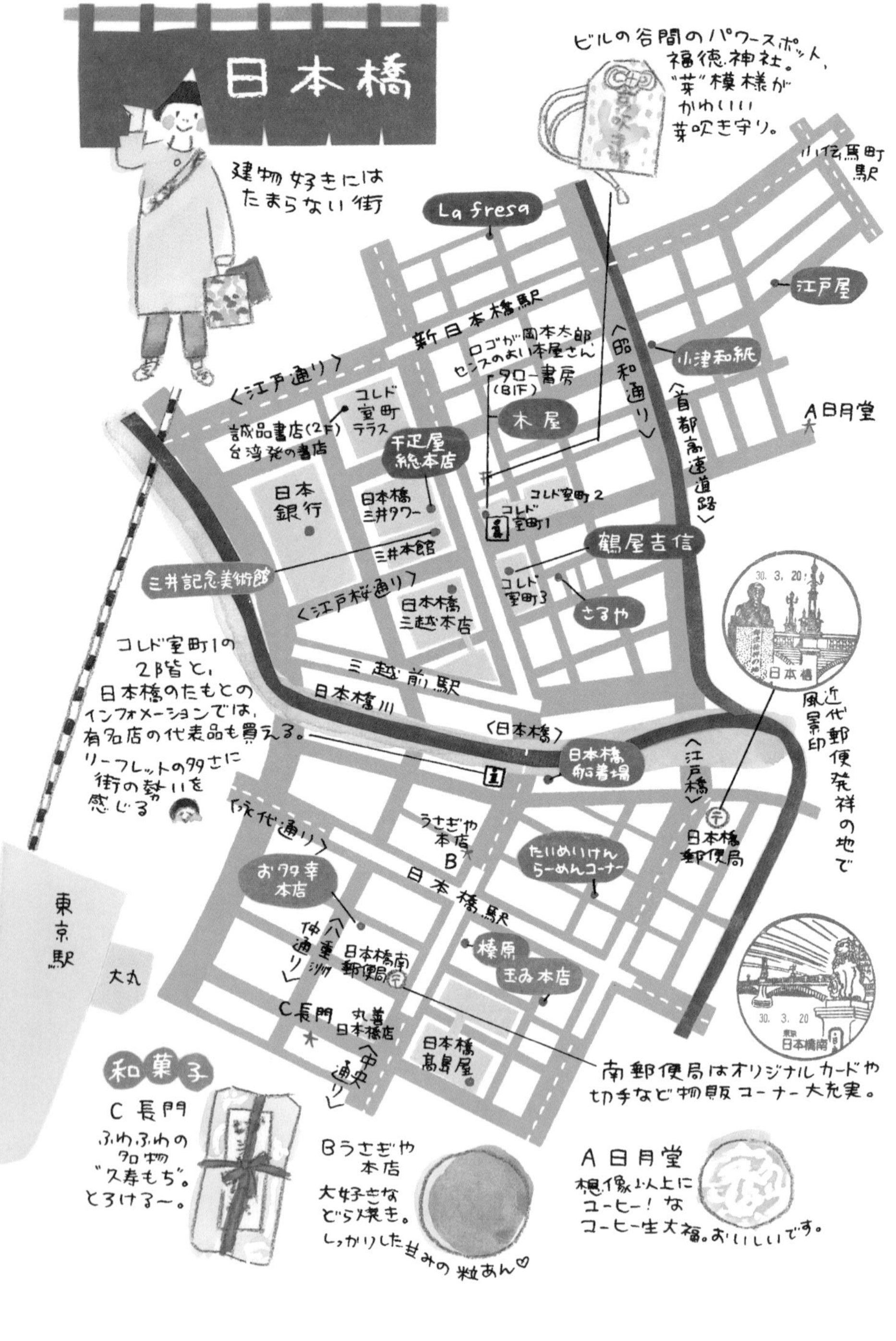

日本橋
建物好きにはたまらない街
ビルの谷間のパワースポット、福徳神社。"芽"模様がかわいい芽吹き守り。
小伝馬町駅
La fresa
江戸屋
新日本橋駅
ロゴが岡本太郎 センスのよい本屋さん
タロー書房（B1F）
〈昭和通り〉
小津和紙
〈首都高速道路〉
A日月堂
〈江戸通り〉
コレド室町テラス
誠品書店（2F） 台湾発の書店
千疋屋総本店
木屋
日本銀行
日本橋三井タワー
コレド室町2
コレド室町1
三井本館
鶴屋吉信
三井記念美術館
〈江戸桜通り〉
コレド室町3
日本橋三越本店
さるや
コレド室町1の2階と、日本橋のたもとのインフォメーションでは、有名店の代表品も買える。
リーフレットの多さに街の勢いを感じる
三越前駅
日本橋川
〈日本橋〉
日本橋船着場
〈江戸橋〉
近代郵便発祥の地で風景印
30. 3. 20
日本橋
日本橋郵便局
〈永代通り〉
うさぎや本店 B
たいめいけんらーめんコーナー
お多幸本店
日本橋駅
〈八重洲通り〉
日本橋南郵便局
榛原
玉み本店
東京駅
大丸
C長門
丸善日本橋店
〈中央通り〉
日本橋髙島屋
30. 3. 20
東京 日本橋南
南郵便局はオリジナルカードや切手など物販コーナー大充実。
和菓子
C 長門
ふわふわの夕口物 "久寿もち"。とろける〜。
Bうさぎや本店
大好きなどら焼き。しっかりした甘みの粒あん♡
A 日月堂
想像以上にコーヒー！なコーヒー生大福。おいしいです。

はみだし
ホリデイ

Le Studio Hermès（銀座）

こちらはフランスの老舗。「銀座メゾンエルメス」10階の、ひそやかなミニシアター。公式サイトの「ル・ステュディオ」で予約すれば、エルメスセレクトの映画を無料で見ることができる。ガラス張りの映画館で、贅沢なひと時。８階にはギャラリー「フォーラム」も。

タルコフスキーの
『鏡』を鑑賞。
オリジナルのリーフレットとキャンディがもらえる。

旅気分で朝食を

インペリアルバイキング
サール
（帝国ホテル 東京）
東京在住約40年にして、初・帝国ホテル。娘は6歳でデビュー

日本ではじめてバイキング方式の食スタイルを紹介したのが、「帝国ホテル」のブフェレストラン「インペリアルバイキング　サール」（1958年オープン）。週末は早朝から行列ができるほど、大人気の朝食スポットです。

見事な花が飾られたロビーを抜け、エレベーターで17階へ。平日の朝7時過ぎに行ったので混雑はなく、宿泊客メインの落ち着いた雰囲気。ビジネス利用らしき人も多く、国際色豊かです。店内は広く明るく、ふかふかの赤い絨毯《じゅうたん》にシックな調度品、パリッと白い上っぱりの給仕さんたち。ああ、あっという間に豪華な旅気分に満たされる。さぁ、食べるぞー。

目の前で華麗に焼いてくれるオムレツ、カリカリワッフルにフレンチトースト、サラダもフルーツもたくさん盛られて、目移りしてしまう。ケーキみたいなポテトサラダ、熱々を提供してもらえるオニオングラタンエッグ、どの料理もひと手間の美しさが光っていて、さすが「帝国ホテル」……とうなりました。少し早起きして、たまにはこんな贅沢も、自分へのご褒美にぴったりです。

◆インペリアルバイキング　サール
千代田区内幸町1-1-1
帝国ホテル東京 17階
https://www.imperialhotel.co.jp/j/tokyo/restaurant/sal/
＊2020年8月現在、朝食のみ休業中。
詳しくは公式HPでご確認ください。

にこやかで細やかなサービスも一流。
4種類の具をチョイスして、その場で作ってくれる、ふわふわトロトロのオムレツ。
名物・ポテトサラダ。味がしっかりしてるのに、いくらでも食べられそう。
いつでも熱々が食べられる、温泉卵が入った"オニオングラタンエッグ"。
コンビーフはマッシュポテトでかわいくふちどり。
感動したのがワッフルやミニデニッシュのおいしさ。軽やかなホイップバターをたっぷり。ジャムも何種類も楽しんで。

はみだし
ホリデイ

Buaisou（町田）

日本一カッコイイ夫婦、白洲次郎・正子。二人が戦中に養蚕農家を買い取り、移り住んだ町田の茅葺屋根の邸宅は、ミュージアム「武相荘」として公開されています。暮らしの端々を垣間見ながら、緑豊かな庭園をお散歩。

臼の郵便受け。花のしつらいも素敵。
カフェやショップ、レストランも併設され、大充実。

YOYOGI HACHIMAN

代々木八幡　奥渋入門

公園での読書も、
奥渋となると
なんとおしゃれな……。

渋谷からほんの7～8分歩いただけで、ガラリと変わって落ち着いた雰囲気。
こだわりのビストロや隠れ家みたいなカフェ、個性的な雑貨屋さんが点在して、
街歩きの真髄を味わえる楽しいエリアです。

奥渋ってどんな街？

古い民家を改装したノルウェーのコーヒーショップ「FUGLEN TOKYO」。
一見普通の商店街だけど、人気店がズラリ。
奥渋
KAMIYAMA STREET
街にはためくのぼり
CAMELBACK サンドウィッチとラテが人気
2階は土日オープンの 90! MUFFINS 90!
COFFEE SUPREME ニュージーランド発
I嬢
店内外、訪日外国人でいっぱい。
かわいい古マンションタイル
昔ながらの商店も残ってるよね
魅惑的なウィンドウ

原宿門からしか入ったことのなかった代々木公園。子どもと訪れるようになり、西門から入ってびっくり。まったく別の公園みたい。広場のイメージでしたが、うっそうとした木立に囲まれた丘が続き、起伏に富んだつくり。お花見で人だらけの印象が、すっかり変わったのでした。

公園西門があるのは、近年「奥渋」と呼ばれるエリア。渋谷の「東急本店」裏あたりから小田急線・代々木八幡駅の周辺まで。宇田川の暗渠《あんきょ》沿いを中心に話題のカフェやレストランが点在しています。そんなうわさは聞きつつ、あまり縁のなかった街。

散歩の道連れは担当編集・I嬢。14歳下の彼女から今の流行を感じ取っている私ですが、二人とも何度かごはんを食べに来た程度。初心者二人でいざ、おしゃれタウンへ！

YOYOGI PARK

土日でも、ひとりきりになれる
場所が見つかるのが西門サイド。
避暑地にいるような気分を
味わえます。

P95の兄さんは木立の中で
優雅に読書をしていました。

CAFE ROSTRO

渋谷まで続く宇田川
遊歩道は、下に川が流れる暗渠の道。
その静かな道沿いにテーブルが出る、
とびきり気持ちのよいカフェ。
外は手軽なテイクアウトカフェ、中は
個人にあわせたコーヒーを淹れてくれる
(ドリンクメニューがない!)唯一無二の
喫茶店、と2つの顔を持っています。

もともとこの場所で焙煎専門店を営んできたオーナーの清水さん
胸にさしたテイスティングスプーンがカワイイ
豆によって挽きかたを
細かく変えたり、
サイフォンかペーパー
ドリップか…… 職人技!

犬の散歩中、父娘連れ、ご近所さんが
集いのもいい雰囲気。

二日酔い気味の朝、やさしい
マイルドビターのコーヒーを淹れてくれました。

◆CAFE ROSTRO
渋谷区富ヶ谷1-14-20 サウスピア
http://rostro.jp/

ひとくせある お店で買う

Archivando
巷のライフスタイルショップからとび抜けた、
見つけるよろこびを味わえるセレクトにワクワク。
什器ひとつをとってもかっこいいと思ったら、
オーナーは店舗デザインをされていた方。
昔の建具を
つけたストック棚
物腰やわらかに商品の
説明をしてくださる。
かわいい……！
姫フォークも
買いました
探していた1人用の
サーモボトル。
ペットボトルのようなデザイン。
おすそ分け用のマグも一緒に。
気に入って母にもプレゼント。

◆Archivando
渋谷区神山町41-5
http://www.archivando.jp/

若いころ、下北沢や代官山、中目黒などを歩くのが楽しかったのは、路地裏の素敵なカフェ、古いマンションにひっそりとおしゃれなビンテージショップがあったりして、実に〝探検〟しがいがあったから。奥渋エリアは、そのころ精を出したショッピング散歩を思い出すような、魅力的なお店があちこちに隠れています。

おいしいお店がたくさんあるイメージが強いけれど、お買い物スポットもひけをとりません。代々木八幡駅前の商店街から何度も横道にそれ、裏道散歩。思いがけないところにお店が佇んでいて、どこも店主の顔がよく見える個性的なお店ばかり。

通りすがりの古着屋さんでかわいいサンダルを見つけ、Ｉ嬢と色違いで買ってみたり、飛び込みで楽しい出会いがたくさんありました。

黄《き》魚《お》

P96のウィンドウに惹かれて入ったお店。作家ものの器を中心に、オーナーが海外で買いつけてきたユニークなアンティークや、手になじむ手仕事の品々が並ぶ。

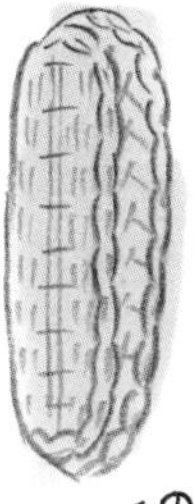
壁にかけられたさまがかわいいバゲットバスケット

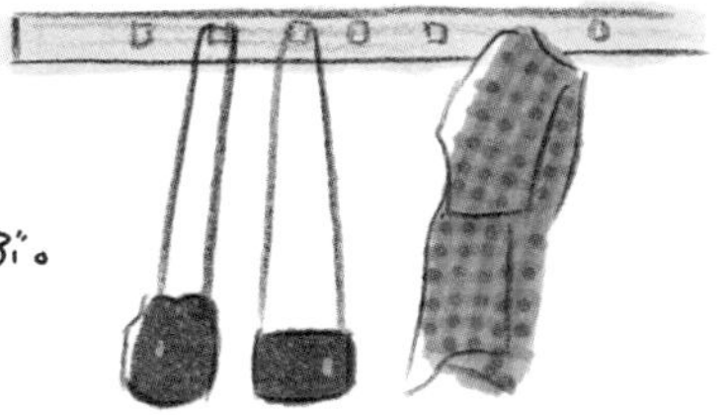

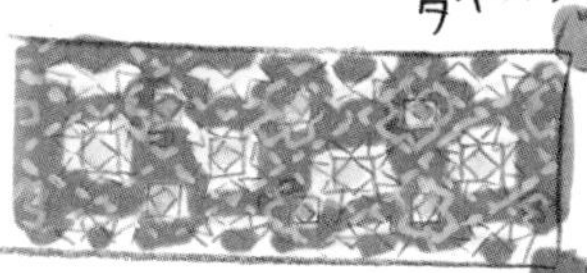
タイの少数民族の布をリメイクしたマット
3,200円

ベルリンの蚤の市で、店主のおばあちゃんが使っていた編み物バスケット。毛糸入りで売ってくれたそう。

妙に気に入ったままごとのフライパンfromミュンヘン

◆黄魚
渋谷区富ヶ谷1-9-19
代々木公園Qビル1階A

DORIAN GRAY

中学生のころ、雑誌『オリーブ』で見て憧れていたヴィンテージショップ。ウェディングやパーティーのドレスの販売、リースがメインですが、美しいバッグやアクセサリー類も豊富。

これで合ってます?
下のほうでかぶるのよ
試着しまくり!

……ほがらかで気さくなマダム。次々と宝物を出してくれる。

パンジーのコサージュ。ストローハットにつけたい。

1950～'60年代のプラスチックのまあるい花のブローチ

◆DORIAN GRAY
渋谷区神山町4-20
https://www.dorian-gray.net/

edenworks bedroom

週末だけオープンするフラワーショップ。
色とりどりの花を中心に、
お店全体がひとつの作品のよう。

花台の下に……
ベッド！映画
『ひなぎく』の
世界だなあ。

ペーパーフラワーも
かわいい！

窓べに並ぶ花たち

◆edenworks bedroom
渋谷区元代々木町8-8 3F
https://edenworks.jp/edenworks-bedroom/

EW.Pharmacy

「edenworks」のドライフラワー
専門店。店名通り、古い外国の薬局のように
整然とドライのお花が並ぶ。上の
フラワーショップ同様、物語に参加
しているような高揚感を味わえます。

女子客がひっきりなしに
訪れる。ホント、夢の
世界だもんねぇ。

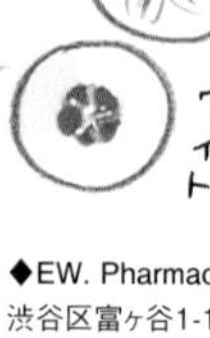

花をとじこめたペーパーウェイト

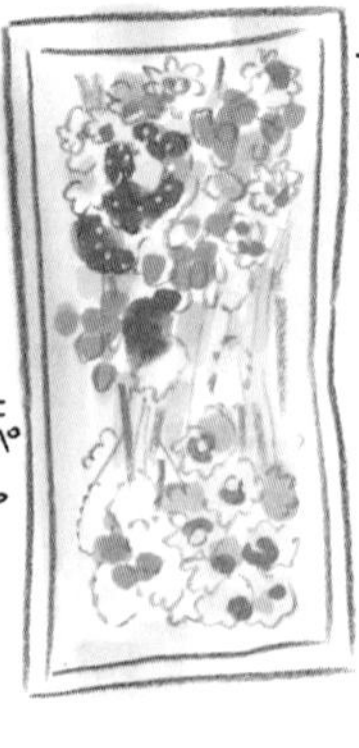

好きな花を選び、
美しき花剤師？
さんにパッキング
してもらう。
私は8種の中から
5種を選べる
3000円のコースを。
このまま飾ってる。

◆EW. Pharmacy
渋谷区富ヶ谷1-14-11
https://edenworks.jp/ew-pharmacy/

奥渋で食べる

おいしい街で朝から晩まで

朝

15℃

大人気ベーカリー「365日」の姉妹カフェ。ケーキやハンバーガーも食べられるけど、早起きして朝食を食べに行くのがおすすめ。

カトラリーはクチポール♡

"365日ぱん" 1,100円
ご自慢の食パン3種が食べられて、おかわりまでできちゃう。

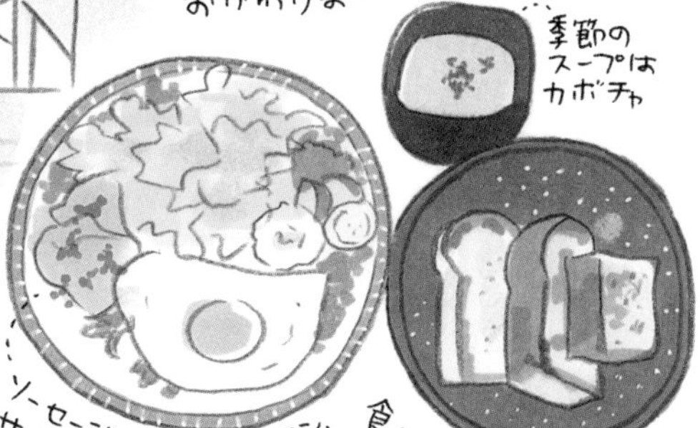
季節のスープはカボチャ
ソーセージやスモークサーモン、サイドメニューも選べる。
食パン左から"北海道""福岡""365日"。カリカリふんわり、しあわせ〜

I嬢はクロックマダムを。ごはんや焼き魚、おにぎりのセットもあって大充実。

◆15℃
渋谷区富ヶ谷1-2-8
https://www.facebook.com/jugodo15c/

365日

2013年のオープン以来、連日行列が絶えることのないベーカリー。60種ものパンが並び、毎回どれを食べるかお楽しみ。

心躍るショーケース！
次々回転するので、思ったよりは待たない。

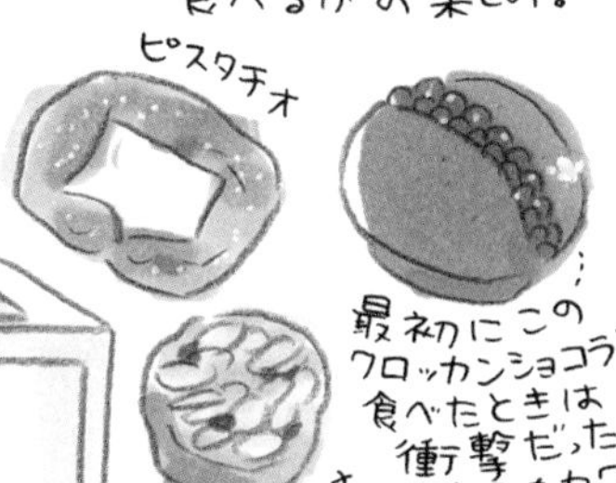
ピスタチオ
伊予柑バナナ
最初にこのクロッカンショコラを食べたときは衝撃だった。見た目もカワイイ。

◆365日
渋谷区富ヶ谷1-6-12
https://www.facebook.com/365joursTokyo/

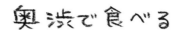

昼

PATH

朝早くから夜おそくまで
さまざまに楽しめる。
奥渋を代表するビストロ。

カウンターの大きな枝

お店の前は
常にウェイティングの
人が。一人で
ランチに来ていた
おしゃれボーイ。

……トレビス（チコリの仲間）、
キヌア、プラムのサラダ。
色どりきれい。

……枝豆と自家製
ベーコンの
そば粉ガレット。
京都のクラフトビール
「週休6日」も
おいしかった〜。

◆PATH
渋谷区富ヶ谷1-44-2 A-FLAT1階
https://www.instagram.com/path_restaurant/

かつどん屋瑞兆

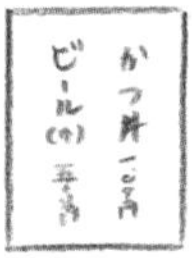

店に貼られたメニューには……
以上！ その潔さにしびれる。
サックサクの薄めのカツに、たっぷり
かかった甘めのタレ、卵は肉の下に
敷かれた めずらしいスタイル。
これが、とんかつ命の私には、しっかり
とんかつ独自で味わえるのが
うれしかった。通いますッ！

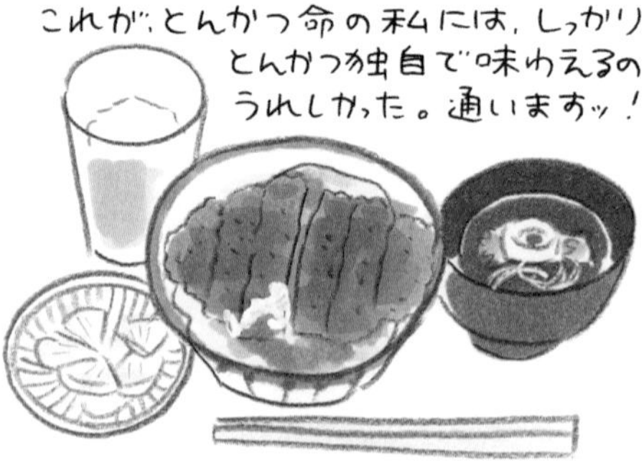

雑居ビル1Fの通路に
ある。カウンターのみなので
ごはんどきは 行列。

◆かつどん屋　瑞兆（ずいちょう）
渋谷区宇田川町41-26 パピエビル1階

mar de Cristiano

夜

数年前に「クリスチアノ」を訪れて、ポルトガル料理のおいしさに感激したもの。こちらはその2号店。一日食べづかれていたけど、やさしい味が五臓六腑にしみ渡りました……。

うまい〜!
ポルトガルの微発泡ワイン"ヴィーニョヴェルデ"軽くてすごく美味。

デザートがまた最高なのだ。ひと口ひと口、思わず声が出てしまう。

キャラメルクリームのマル・デ・ティラミス
濃厚なチョコレートムース

◆mar de Cristiano（マル・デ・クリスチアノ）
渋谷区富ヶ谷1-3-12 サンシティ富ヶ谷4階
http://www.cristianos.jp/mar/

ヨヨナム

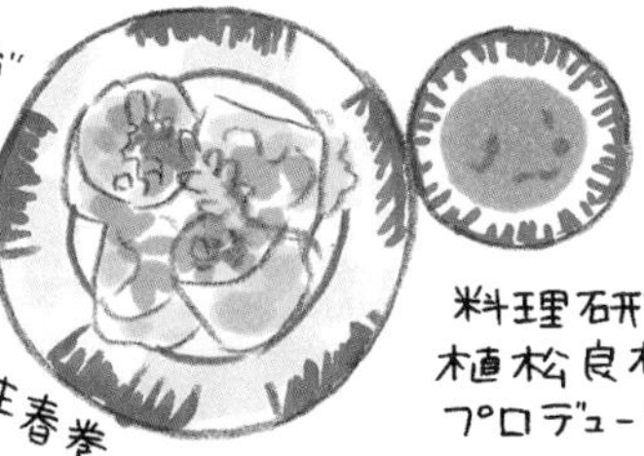
ボリュームたっぷりの生春巻

料理研究家・植松良枝さんプロデュースのベトナム料理店。女性スタッフがテキパキ働く気持ちのよいお店。

ランチメニューのみの"たっぷり野菜のカリカリ和え麺"は前日までに予約すれば、夜も食べられる。いろんな食感を味わえて楽しい。

ベトナムの混ぜごはんをヒントにつくられたオリジナルメニュー

通りから奥まったところに入口があり、人のうちに招かれたような親密感あふれる。

◆ヨヨナム
渋谷区代々木5-66-4
https://www.facebook.com/yoyonam.tokyo/

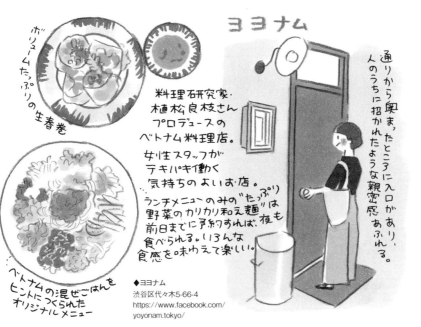

edenworks bedroom
小田急線
イエンセン
デンマーク仕込みのおいしいパン屋さん
15℃
ヨヨナム
はるのおがわコミュニティパーク…木曜以外、毎日プレーパーク開催！子どもと行きたい。
代々木八幡駅
代々木公園
西門
mar de Cristiano
代々木公園駅
365日
mimet
落ち着く一軒家カフェ＋2階は雑貨屋さん
白いコーヒープリン
コーヒー豆を漬けこんだミルクで作ったプリン。おいしくって感激。
ショコレーゼホーン カスタード入り
Cristiano's (ポルトガル料理)
PATH
黄魚
スティンガー レーズンとオレンジピール入り もちっとした生地の絶品デニッシュ♡
リズム＆ブックス 古本屋さん。絵本が豊富。
千代田線
NATA de Cristiano's ポルトガル菓子のテイクアウト
CAFE ROSTRO
名物のサックサクの“エッグタルト パステル・デ・ナタ”は必食。
E.W. Farmacy
FUGLEN TOKYO
マルエツ
ミュゼ・ドゥ・ショコラ・テオブロマ本店
CAMELBACK
COFFEE SUPREME
go! MUFFINS go! ビーガンマフィン
Archivand
DORIAN GRAY
6コ入る箱もカワイイ
“奥渋チョコレート ハチ” おいしいチョコクッキー
NHKスタジオパーク
NHK放送センター
〈井の頭通り〉
魚力 魚がおいしい定食屋さん
SHIBUYA PUBLISHING & BOOKSELLERS おしゃれな本屋さん
セバスチャン
お弁当とかき氷のお店。店内で食べられるケーキのようなかき氷が大人気で、予約も争奪戦。
メニューは限られるけど、店先でなら食べられる。
瑞兆
〈オーチャードロード〉
東急百貨店 渋谷本店
MARUZEN＆ジュンク堂書店 渋谷店
至渋谷駅
奥渋
こだわりが尽くされた、ゆったり大人なお店がいっぱい。

TOKYO TOWER

麗しの東京タワー

1 青空とタワー　2 増上寺からの眺め
3 クリスマスイルミネーション。素朴でいいわぁ。
4 年末は西暦が出て、いよいよカウントダウン気分！

2

1

4

3

昼、夕方、夜とそれぞれに美しい立ち姿。
夏の夜は白っぽく、冬はオレンジと季節によってライトがちがったり、
土曜日の七色の光、イベント時の特別ライトアップとお楽しみがたくさん。

クリスマスの東京タワー

赤羽橋の駅を出て、道路を
渡るとほら、見えた見えた！
大迫力のお出むかえに
娘は大よろこび。
60周年の
クリスマスには、
ハートが輝いた。
大きいねぇ
わぁ〜！

遠くから見ても近くで見ても、胸がじんわりする。スカイツリーの高揚感とはまたちがう、独特のやわらかさが東京タワーにはあります。そんな大好きなタワーに、娘が初入塔。

誕生日の夜に東京タワーに行ったお友達・Sちゃんの写真を見て、「いきたい！」と娘にせがまれたのは、クリスマスシーズンのこと。タワーの入口に大きなツリーとイルミネーションが輝き、とてもきれい。

私も上にのぼるのは十数年ぶり。足もとのタワービルにあった蠟人形館と水族館がなくなり、特別展望台は〝トップデッキ〟なんてしゃれた名前になって（タワービルも〝フットタウン〟に変更）、様変わり。外国からのお客さんが増えたものね。この日も混んでいて、トップデッキはあきらめて、いざメインデッキへ。

バースデーガール・Sちゃんのイルミネーション
写真を見て、「いきたい!」となったのでした。

バースデー パック

誕生日の前後一日に特典!

1 タワー内の
お店でスイーツプレゼント
2 オリジナルグッズ贈呈
3 「東京プリンスホテル」か
「ザ・プリンスパークタワー
東京」のお店の割引券
4 限定フレームの
フォトサービス(有料)

ペーパークラフト

Sちゃん
クレープ たべたよ!
バースデーカード

終始ノリノリの娘。
タワーイルミネーション、かわゆい♡

フットタウン3Fの
公式ショップ、
「GALAXY」の
ツリーは、キャラクターオーナメント。

ノッポン兄弟の兄。
「兄」「弟」で個人名はなし。

タワオ

40周年の1998年12月23日生まれだよ

マスコットのノッポンくんの
グリーティング。頭が長くて
けっこうな迫力。スニーカーの芸が
細かい*

タワー今昔

歴代制服

制服を着たマネキンに添えられた、当時の写真が楽しい。ヘアメイクや体型など、時代が出るなぁ。

2018
1988
1973
1971
1958
THE バブル!
チューリップハット
開業時はヘプバーンみたい
現在はエレガントな装い
娘のお気に入り
ピンク♡
カルダン風帽子がステキ……
私のお気に入り

訪れたのは2018年の歳の瀬。この年は60周年の記念イヤーで、様々な催しが行われました。その一環として1階で楽しめたのが、「歴代制服復刻展」。開業の1958年から現在までの13着が復元展示されました。流行を取り入れた制服の変遷は、実に興味深い。2002年に『東京ホリデイ』で来たときはチェックの制服だったのねぇなんて、感慨深く眺めました。

はじめてタワーにのぼったのは、小学6年生。小4で東京に引っ越してきて以来、週末によく家族で東京見物散歩に出かけていました。20代、30代とポツポツと訪れ、近年は来るたびに進化を遂げているタワー。レトロスポットだったころを懐かしみつつ、新しい姿にもワクワクさせてもらっています。

中は変わっても、あたたかなオレンジの光は昔のまま。都会を照らす、やさしいキャンドルのようなタワー。転勤族で確固たるホームのない私にとって、ふるさとの象徴が東京タワーなのかもしれない。

2018

1983

展望台 今・昔

"ケロリン"の広告がキュート。小6の私。
モノトーンでモダンな雰囲気の今。

メインデッキの今

スカイウォーク ウィンドウ

高さ150m地点の
ガラス上を歩くスリル!
（1F）

ぜんぜんこわくないよー

いやいや…!

ポスト

2015年に設置された
郵便ポスト。（2F）
東京タワーの風景印が
押されて届くよ。

横にお便りデスク。同じ2Fの
ショップで、切手やカードが買える。

タワー大神宮

20周年のときに建立された
小さな社は健在。（2F）

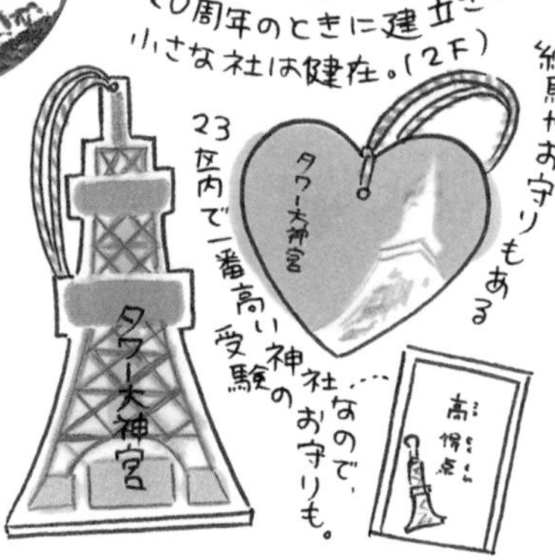

絵馬やお守りもある

23区内で一番高い神社なので、受験のお守りも。

カフェ

「ラ・トゥール」で
絶景を眺めつつ、
"タワーソフト"で
ひと休み。
コーンカバーは
ひっくり返すと
タワーになるのだ。
（1F）

おみやげ

東京おみやげたうん

変わらない一角が、フットタウン
2Fの元"名店街"。お店は
だいぶへったけど懐かしい光景。

菓屋
MISUYA
包装紙も昔のまま

「紅葉屋」のラブリーな
キーホルダーたち♡

ナゾのバカボンパパ風
耳かきを買いました
ついつい……。

東京タワーオフィシャルショップ
GALAXY

今のおみやげを買うなら、フットタウン
3Fのオフィシャルショップへ。
オリジナル商品に力が入っていて、
ものすごい数！
タワーをかたどったものにヨワイ

プラスチックの質感がカワイイ
タワーボールペン
ココがキャップ

ミネラルウォーター

「山田養蜂場」の
はちみつ3種入り

フットタウンの階段にも、
往年の面影が……。

TOKYO TOWER BEER

同じ港区の醸造所
「イナヅマビール」と
コラボレーションした
オリジナルビール。
IPAスタイルで
苦味たっぷりながら、
フルーティな一本。

東京タワー
チョコクランチ

くだりは…

帰りはメインデッキから600段の階段を約8分、歩いておりてみました。フェンス越しに夜景を見ながらゆっくり歩く。

のぼりは土・日・祝の11〜16時。所要時間は15分くらいだそう。

ヒザが痛くなり、翌日の筋肉痛が心配だったけど(セーフだった)、ごほうびが待っていました。

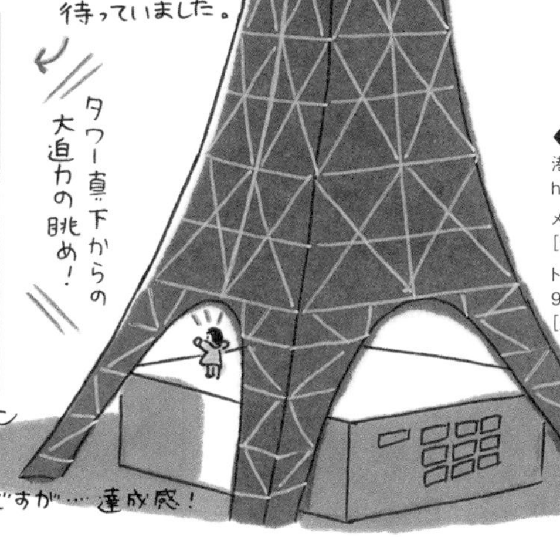

タワー真下からの大迫力の眺め!

ま、フットタウン屋上なんで誰でも見られるのですが… 達成感!

トップデッキツアー

ツアー参加者だけが入れる250mのトップデッキには、後日ひとりで行ってきました。

記念写真やドリンクサービス付きで3.000円(税込)

鏡張りでスペーシーな空間。やはりすばらしい眺め…!

メインデッキから小さなエレベーター2基を乗りつぐので、待ち時間はけっこうなもの。娘はまだ無理かも…?

上空250mのトイレに入るのが、なぜか緊張しました。

◆東京タワー
港区芝公園4-2-8
https://www.tokyotower.co.jp/
メインデッキ(150m)9:00〜23:00
[最終入場 / 22:30]
トップデッキツアー(150m+250m)
9:00〜22:45
[最終ツアー / 22:00〜22:15]

＊メインデッキは混雑状況により最終入場時刻が早まることがあります。
＊トップデッキは、荒天、その他の理由により営業を中止することがあります。

はみだし
ホリデイ

Tokyo Skytree（押上）

スカイツリーは開業してすぐ、水天宮の安産祈願の帰りにはじめて訪れました。大混雑で、展望台にのぼることもできなかった。それきり、遠くから眺める専門。東京タワー派だけど、車窓から、街歩きで、その姿が見えると一瞬でワクワクする。高さが東京タワーの倍近くには見えないスマートさ。やっぱり、東京のシンボルです。

蔵前のギャラリー
「カワウソ」からの眺め。
隅田川の向こうにスカイツリー。

AZABU
麻布　山の手さんぽ

Warou Flat
Gallery SU
Hinagiku Kitsune

築80年以上の「和朗フラット」。ここだけちがう時間が流れているよう。

大使館が数多く並ぶ、静かな山の手の高級住宅地・麻布台と、インターナショナルな雰囲気と下町風情が同居する麻布十番。緑にあふれた坂の街をそぞろ歩きました。

名建築でランチ

三菱の四代目当主・岩崎小彌太の邸宅の、
昭和初期に造園されたお庭と、1955年に完成した
建物が見事に調和。
六本木の高層
ビルを望む
石がねぇ、
いいんですよ…
庭園を愛する
会館の芦葉さん

◆国際文化会館
港区六本木5-11-16
https://www.i-house.or.jp/
＊価格はサービス料別

文化交流を通じて、国際的な相互理解をはかることを目的に1952年に設立された、「国際文化会館」。シンポジウムや講演会などに使用され、宿泊できるのは会員のみですが、レストランやカフェ、結婚式場などは一般客に広く開放されています。

なによりの特徴は、前川國男、坂倉準三、吉村順三という偉大な建築家が共同設計をした建物。コンクリートと、ヒノキの窓枠や大谷石《おおやいし》の組み合わせが、モダンな中に人の手のあたたかみを感じさせてくれる。ロビーの天童木工のソファ、斎藤清の版画、古きよき時代の姿をとどめたインテリアも素敵。

見事な庭は、江戸時代から続く武家屋敷を京都の庭師・七代目小川治兵衛が回遊式庭園として昭和5年に造園。塀の外とはまったくの別世界を作り出しています。

昭和のモダニズム建築でランチやお茶をして、緑のお庭を散歩して。贅沢《ぜいたく》な時間を堪能できる場所です。

慣れた感じの紳士が、おいしそうにカレーを召しあがっていた。
あ、お庭で結婚式やってる!
ステキ……
スチームポークの炙りネギ塩ソースのランチセット1.500円(ドリンク付)

ティーラウンジ ザ・ガーデン

竣工当時のままの雰囲気が残された2階のティーラウンジ。お庭を見おろし英語が飛び交う中でランチをいただく。

板倉準三建築研究所にいた、長大作デザインの"パーシモン(柿)チェア"。たしかに柿っぽい。ネジなしの、当時の椅子も残っている。

persimmon chair
old
new

ロビーの、会員専用デスク。絵になるなぁ。

池の目の前のレストラン「SAKURA」も見事な眺め。

ほっと落ち着く大谷石の壁。

麻布の隠れ家

ギャラリーSU

外ドアと内ドアの間に飾り棚

◆ギャラリー SU（ギャラリー エス・ユー）
港区麻布台3-3-23 和朗フラット四号館六号室
http://gallery-su.jp/

ギャラリーの中心的作家、ロベール・ワートラスの展覧会中でした。手札大の厚紙に描かれた、ひそやかな絵画たち。

ワートラス作のオブジェが素敵

東京タワーを望む、麻布台の飯倉片町交差点。そのすぐそばの細い路地を入った一角に、突如現れるスパニッシュ・コロニアル風の館。ミモザや針葉樹に囲まれた、この瀟洒《しょうしゃ》な集合住宅の名は「和朗《わろう》フラット」。昭和11年前後に建てられた7棟のうち、現存しているのは3棟。それぞれ管理会社が異なりながら、今も現役のアパートとして使われています。

四号館にはギャラリーとカフェがあり、建物の中に入ることができるのがうれしい。部屋によって窓やドアの形、漆喰壁の模様も少しずつちがい、あそび心にあふれた造り。この四号館は特に手入れがゆき届き、建物に対する愛情がひしひしと伝わってきます。

展覧会期中のみ開く「ギャラリーSU《エスユー》」は、部屋にぴったりの美しい小さな作品が並びます。まるで教会の中にいるような清々《すがすが》しさ。もう1軒は月に3日間だけオープンする、ベジタリアンのお菓子屋さん「ひなぎくきつね」。おとぎ話の世界に入り込める特別な空間です。

ひなぎくきつね

麻布大好き
Pちゃん
アルコールもある。
気持ちよすぎて、
昼から飲んじゃうよ！

ケーキの話に
なると、少女の
ように目が輝く
オーナー 森さん。

4つのテーブルでいっぱいの小さなお店。大きな窓から光がふりそそぐ。森さんが一年の2/3を暮らす八ヶ岳の野菜がふんだんに使われたキッシュやケーキがきらきら並び、迷ってしまう。

フォカッチャと
ピクルス、
ナッツ。
おしゃれな前菜！

"青菜と実菜のケークサレ"
青菜、空豆、コーンたっぷり。
スポンジの甘みと
塩気が絶妙〜。
その名も"山ガール"
すぐりの実とレモン風味の
カステラ。ヨーグルトをかけると
ますますおいしい。

お菓子は
すべて500円

◆ひなぎくきつね
港区麻布台3-3-23 和朗フラット四号館
https://www.hinagikukitune.com/

CHIANTI 飯倉片町本店

シックでモダンで懐かしい…独特のインテリア。
舞台のスポットのような照明が楽しい。
男性は衿つきシャツのドレスコード。

デザートはティラミス♡

前菜、スープ、メイン、デザート、ドリンクが付いた「BIANCO」4,400円（税込）
デミグラスソースでいただく仔牛のカツレツはサクサク。緑たっぷりのバジリコソースは、一滴残さずバゲットにつけて平らげました。

◆CHIANTI（キャンティ）飯倉片町本店
港区麻布台3-1-7
http://www.chianti-1960.com/
＊価格はサービス料別

1960年代、夜な夜な各界の著名人や芸能人が集《つど》ったイタリアンレストラン「キャンティ」。伝説として話には聞いていたけど、訪れるのははじめてのこと。緊張しながらドアを開けると、ほの暗い室内に浮かび上がる、鮮やかなチェックのクロス。色とりどりのランプシェードがやさしい光を帯び、とても親密な雰囲気。

ランチもコースのみで、前菜3品とサラダの盛り合わせから。トマトのスープと、メインは名物のミラノ風カツレツにバジリコスパゲッティ添え。入手の難しかったバジルを自家栽培して、大葉を混ぜて日本人好みにアレンジしたという逸品。

一皿一皿しっかりおいしくて、この日誕生日の友達と、くつろいだ時間を過ごすことができました。さすが、長年愛されてきたお店だなぁ。

十番そぞろ歩き

レトロなベーカリー「サンモリッツ名花堂」。
フロマジュリー「beillevaire《ベイユヴェール》」で品定めしていたベレー・マダム。
お年寄も多いね
商店街のまわりは坂だらけ…
おしゃれママもエンヤコラ
坂の上は大使館や高級住宅地。大使館が多いのは、武家屋敷が数多くあり、その広大な土地が利用されたためだとか。

この日一緒に散歩したPちゃんは、幼少のころ母上とよく麻布十番に来ていたそう。服飾系の学校を出た母上はおしゃれ好きで、麻布界隈が大のお気に入り。Pちゃん曰《いわ》く、「40年前とほとんど雰囲気が変わってない」とのこと。タワーマンションがそびえたち、新しいお店がたくさんできたけど、昔ながらの商店もあたりまえに存在している。

　麻布山善福寺の門前町として、江戸時代から栄えた商店街。街灯はオレンジ色でなんだか祭りっぽいし、たい焼きにおせんべい、買い食いも楽しめて、〝山の手の下町〟という表現がぴったりくる。大使館だらけなので、歩いている人はインターナショナルなのだけど。おしゃれさと親しみやすさが同居する、活気ある街をそぞろ歩くだけで楽しめます。

◆十番お店めぐり

お店の入る古民家も白と黒

しろいくろ◆

シックでモダンな店内には、白と黒の和菓子。黒豆や小豆の風味がしっかりしつつ、さっぱりとした上品な甘み。

塩加減が絶妙な豆大福と、黒豆ガトーショコラ。イートインできる。

◆しろいくろ
港区麻布十番2-8-1　http://www.shiroikuro.com/

たぬき煎餅◆

店頭から包みまでたぬきづくし。

ジャケ買いした"チーズサンド たぬ吉"

中身も包みも紙袋も、なんてかわいいの。

◆たぬき煎餅
港区麻布十番1-9-1
https://www.tanuki10.com/

豆源本店◆

豆菓子の種類が豊富で迷ってしまう。

素朴な包みの"煎りたて なんきん豆"。砂糖ぐるみピーナツが止まらないおいしさ♡

◆豆源本店
港区麻布十番1-8-12
https://www.mamegen.com/

サンモリッツ名花堂◆

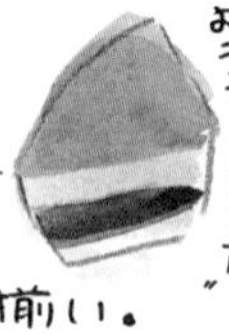

あんこがようかんのような"シベリア"

昔ながらの町のパン屋さん。木の棚にあんこのカステラサンド"シベリア"、ジャムロールなどの懐かしいケーキ、惣菜パンが勢揃い。

チーズ入りワッフル"原宿ドッグ"☆

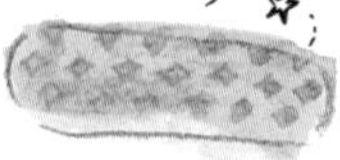

さっぱり"キュウリサンド"

◆サンモリッツ名花堂
港区元麻布3-11-6

BTR ◆

イギリスからやってきた椅子やピッチャー、
日常で使えるアンティークが並び、
蚤の市のような楽しさ。

オリジナルエコバッグ。なんにでも合い!すごく使いやすい。

◆BTR
港区南麻布1-3-15
http://www.brownie-tea.com/

メゾン・ド・ロア ◆

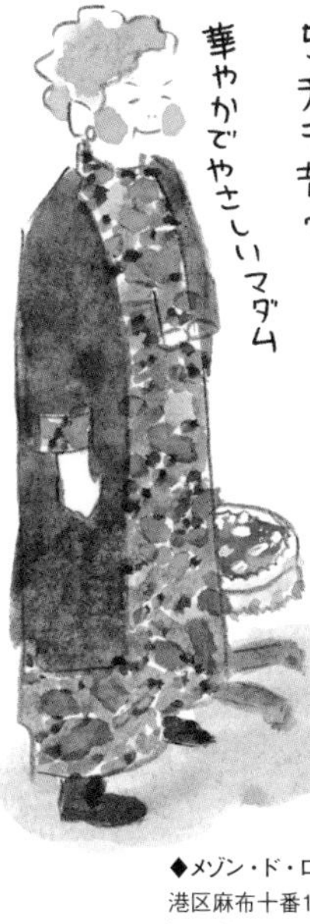

華やかでやさしいマダム

50年以上続く、
チロリアンテープ専門店。
テープを使った布小物や
昔の手芸モチーフなど、
宝探しに大興奮。

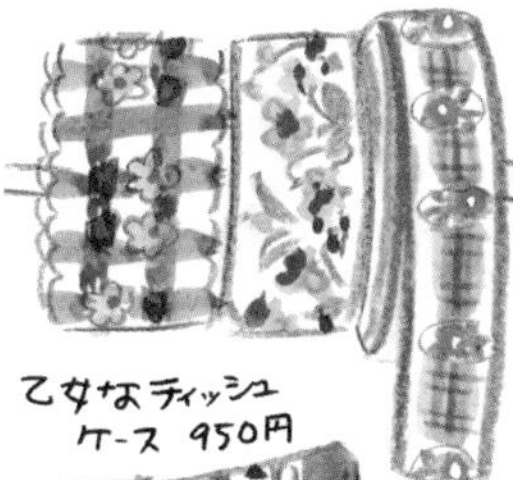

オーストリア製の美しいテープにうっとり。10cm〜買える。

太いテープを額に飾れば、立派な芸術作品。

乙女なティッシュケース 950円

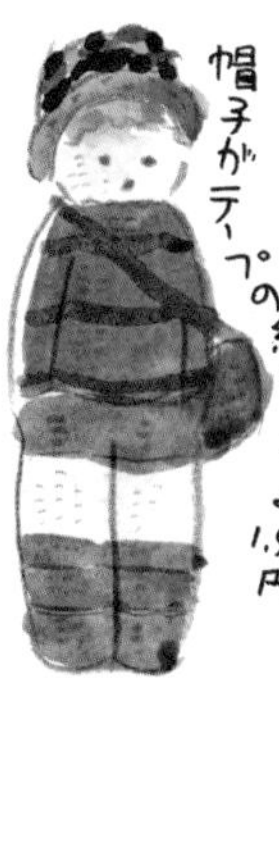

帽子がテープの編みぐるみ 1,500円

フランスのデッドストックの手芸ワッペン

たまらーん!

◆メゾン・ド・ロア
港区麻布十番1-5-3
http://www.mdrjp.com/

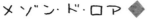

AZABU MAP
六本木駅
首都高速
六本木駅
〈六本木通り〉
ブックファースト
六本木店
大江戸線
〈芋洗坂〉
おしゃれなマダム
六本木
グランドタワー
六本木一丁目駅
泉ガーデン
南北線
首都高速
〈麻布通り〉
日比谷線
CHIANTI
ギャラリーSU
ひなぎく
きつね
◆メゾン・ランドゥメンヌ
麻布台◆
パリで人気の
ブーランジェリーの直営店。
名物・クロワッサンは2種
"フランセ"はフランスの
"ジャポネ"は日本のバターを
使用。生地がもっちり。
濃厚なエクレア
六本木
ヒルズ
テレビ
朝日
六本木蔦屋書店
◆魚可津◆
昭和初期創業の
鮮魚店が前身。魚が
おいしい居酒屋さん。
国際文化
会館
文
東洋英和
女学院
〈鳥居坂〉
メゾンド・ロア
麻布十番駅
baillevair
(フロマジュリー)
サンモリッツ
名花堂
〈暗闇坂〉
しろいくろ
たぬき煎餅
〈麻布十番大通り〉
豆源本店
麻布十番駅
◆浪花家総本店◆
十番商店街の
顔。名物の
たいやきは
1コから予約、
取り置きできる。
パリパリの皮、小ぶりでも
あんぎっしりで大満足!
美しき麻布ティーン
元麻布
ヒルズ
善福寺
卍
BTR

はみだし
ホリデイ

Hotel New Otani　Japanese Garden（四谷）

「ホテルニューオータニ」の広大な庭園は、滝まであって見ごたえ抜群。江戸城外堀に囲まれ、古くは加藤清正の下屋敷、井伊家の庭園として400年の歴史を誇る場所。散歩のあとは、庭園を見おろすレトロモダンな「ガーデンラウンジ」で一服しよう。

「ザ・メイン」は1964年竣工。
さまざまな柄のじゅうたん、
スペーシーな
渡り廊下、
館内も
かっこいい。
シラサギが飛びまわる庭

祈りの場へ

幹線道路(井の頭通り)沿いに
突如現れる白亜のモスク。
友人はセーター、私はハンカチで
スカーフの代用。

小田急線の車窓から見るたびに気になっていた、大きなモスク。代々木上原駅から徒歩6〜7分でたどり着く、日本最大のオスマン・トルコ様式のモスク「東京ジャーミイ・トルコ文化センター」。

1938年にカザン（ロシア）トルコ人によって建てられた「東京回教礼拝堂」が歴史のはじまり。現在のモスクは、トルコから建築資材を取り寄せ、職人さんたちを招いて2000年に建てられたもの。信者以外は近寄りにくい……かと思いきや、「見学はご自由に」と書かれたたれ幕がかかり、大きく門戸が開かれています。

礼拝堂に入る時は、髪をおおう必要があり、スカーフなどの貸し出しも行っています。堂内は高校生のグループや外国人観光客などで大にぎわい。無数のタイルやステンドグラスに彩られた礼拝堂は、息を飲む圧倒的な美しさ。長いこと居座り、心がすっかり洗われたようでした。

休憩スペースに陶器やイスラム教グッズが並ぶお土産コーナー、ケーキをイートインできるハラール食品の小さなマーケットもあって、旅行気分を味わえます。

◆東京ジャーミイ・トルコ文化センター
渋谷区大山町1-19
https://tokyocamii.org/ja/

東京ジャーミイ・トルコ文化センター

上階は女性専用の礼拝所。
天井ドームを間近に見上げる。

◆休憩スペース◆

入口の扉。
細部までほれぼれする。

はみだし
ホリデイ

Tsukiji Hongangji（築地）

おしゃれなカフェとブックショップが併設され、日本一おいしいと称される盆踊りにコンサートと、大変開かれた築地本願寺。古代インド仏教の建築様式を模したド派手な外観もさることながら、和洋アジア、様々な文化がミックスされたユニークな造りに興味津々《しんしん》。

1934年築。窓が
イスラム寺院のよう。
毎月最終金曜日に、堂内のパイプオルガンの
ランチタイムコンサートもあるよ。

UENO

上野　緑の池とごった煮の街

1

2

美術館に博物館、威風堂々の名建築が並び、緑と池が美しい公園。
戦後の闇市の雰囲気を残すアメ横に、昼間から人だかりのする飲屋街。
その２つが見事に共存する街・上野。知れば知るほど好きになる街です。

3

駅も街もパンダだらけ…

4

5

1上野駅ecute「紀ノ国屋」あんぱん
2 同上「舟和」あんこ玉の"ぱん玉"
3 上野動物園前のポスト　4 不忍池の公園の遊具
5 大好きな看板（居酒屋さん）。西郷どん、パンダ、寅さん、タモさん

愛しの上野公園

蓮の花の見ごろは、例年7月中旬～8月中旬。
早朝から午前中は特に、きれいにひらいた花を見ることができる。
Shino bazu-no-ike
蓮見デッキからよく見えるよ
千駄木時代…ご近所だったMちゃん
2ヶ月前の5月下旬の池。
池のほとりの水上音楽堂でのライブのあと。

ずっと東京の西側で暮らしてきた私。結婚と同時に2年間だけ過ごしたはじめての東の街が、文京区千駄木でした。それまでごちゃごちゃと猥雑《わいざつ》で、どうにも苦手だった上野を好きになったのはこの時期。

好きになった大きな要因は、なんと言っても上野公園。自転車でよく散歩に行きました。妊娠中の大きなお腹を抱えて歩いた、冬の朝が忘れられない。人影もなく、広々と続く青空と、やさしい朝の光。普段は大混雑の園内の「スターバックスコーヒー」で、ゆっくり朝食を食べたっけ。

今回訪れたのは、朝から日差しが照りつける真夏。不忍池《しのばずのいけ》は、春の桜、初夏の紫陽花《あじさい》、秋の紅葉、空の澄む冬、どの季節もいいけど、やはり夏の蓮は圧巻。江戸時代から浮世絵に描かれていたほどの名所ですから。

現在公園を訪れるのは、美術展目的がほとんど。公園内、周辺にたくさんの美術館、博物館が並び、そのどれもが歴史的建造物。建物好きなので、ワクワク目の保養になる公園です。

Benten dō

弁天様は商売、芸能の神様だからネ
包丁塚

各種商業団体が建てた
"石碑"が乱立する弁天堂参道。

めがねえ碑

ふぐ供養碑に包丁塚、
見てまわるとおもしろい。

徳川家康所有の眼鏡を
かたどった、めがねえ碑。

Historic building street

公園から芸大を通り、谷中に向かう道が
大好き。左に見えるは1890年築の旧東京
音楽学校奏楽堂。

気持ちいいねぇ

◆都立上野恩賜公園
台東区上野公園（池之端3丁目）
https://www.kensetsu.metro.tokyo.lg.jp/jimusho/toubuk/ueno/index_top_001.html

国際子ども図書館は、
ギャラリーも無料。

1933年築、97年に営業休止した
京成電鉄「博物館動物園駅」。

どこをとってもかっこいい、
「東京文化会館」。

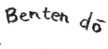

Tokyo Metropolitan Museum

「東京文化会館」と
同じ、前川國男設計。

◆東京都美術館
台東区上野公園8-36
https://www.tobikan.jp

上野の美術館の中で一番好きなのが、
上野公園内の「東京都美術館」。高2のとき、
憧れの美大の卒業制作展を観たのが最初。
訪れると心落ち着く、なじみの美術館です。

各階のロビーの壁は、青や黄色、緑と変わる。
カラフルなスツールが並び、フォトジェニックな空間。
ここから窓べの緑を眺めるのがとても好き。

地下神殿のようで
かっこいい、
「ギャラリーA・B・C」。
階が分かれたつくりを生かした、ユニークな展示が多々。

小さなストールや小屋が並んだ
「BENTO おべんとう展」
(2018年)。

＼上野公園から歩いてすぐ／

旧岩崎邸庭園

1896年にコンドルの設計によって建てられた、三菱第三代社長・岩崎久彌の本邸。館内をじっくり見学することができ、壮麗な意匠を堪能しました。

ロマンチックな装飾多し♡
ピンクと水色の配色が
←乙女な婦人客室。

英国・ミントン製のタイル

床の細工も美しい〜

山小屋風のビリヤード場

一部保存された、岩崎家の生活空間だった和館には、喫茶スペースも。抹茶や、久彌が愛した「小岩井農場」で作られたアイスクリームなどを提供。

コーヒーフロートもおいしい！

◆旧岩崎邸庭園
台東区池之端1丁目
9：00〜17：00（入園は16時30分まで）
入園料　一般400円／65歳以上200円
https://www.tokyo-park.or.jp/park/format/index035.html

上野・そぞろ歩き

うさぎや

どらやきに目がないわたくし。
東京に3つある「うさぎや」の中、
上野が元祖で、わが町・阿佐ヶ谷、
日本橋と親戚筋に
あたるそうですが、それぞれ
経営も味も独自のスタイル。

銘菓
屋根の上のうさぎ
夜は光るよ
うさ

上品な甘みのどら焼きはもちろん、おいしくてびっくりするどら餡ソフト。
練乳が効いてコクがあるのに、さっぱり♡
450円
（税込）

うさぎや CAFÉ

「うさぎや」のすぐそばの路地にある
カフェの名物は、開店から10分間に並んだ
人だけが食べられる"うさパンケーキ"。
工場から、できたてのどらやきの
皮を運びこむため。レアな一品！

26席のカフェに週末ともなると
60人ほど並ぶそう（10分までに
並んだら、もれなく食べられる）。

ライブ感が楽しい……
ホカホカの皮を4枚、トレイにon!
朝だけはコーヒーもおかわり自由。

バターをたっぷりぬって、2つに
折って手でパクリ。あんもおいしい
けど、シンプルに食べるのが最高。

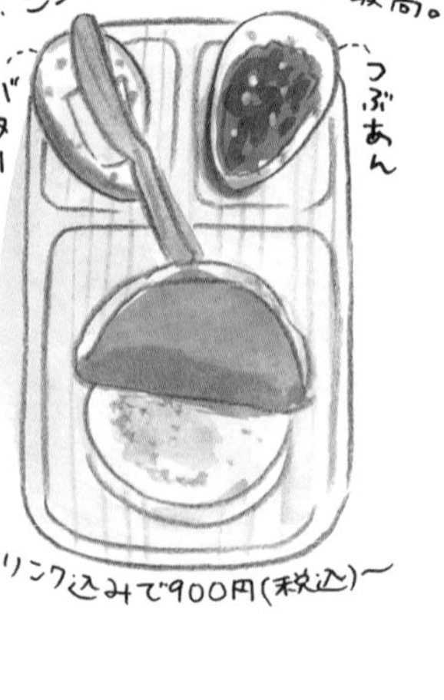
バター
つぶあん

ドリンク込みで900円（税込）〜

◆うさぎや
台東区上野1-10-10
http://www.ueno-usagiya.jp/

◆うさぎやCAFÉ
台東区上野1-17-5 1階
http://usagiya-cafe.com/

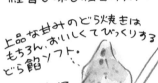

買う

ルートブックス

緑いっぱいの本屋さん。
山、服、料理などテーマごとに幅広くユニークな本が並ぶ。

いい本、買えました
佐藤さとると村上勉の『おおきなきがほしい』
『お繕いの発想法』こにしみえこ

カフェスペースでコーヒーを飲め、店内のグリーンもお手頃価格で販売。宝探しが楽しいお店。

◆ルートブックス
台東区東上野4-14-3
Route Common 1階
http://route-books.com/

nico

古いマンションの一室、秘密基地のようなお店に続く階段にも、カラフルな雑貨がぎっしり。ロシア、イギリス、ブラジル、タイ、台湾…異国の市場を覗く楽しさが味わえます。

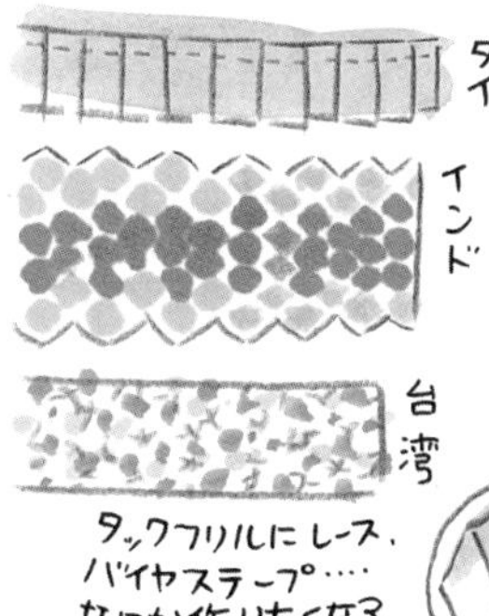

タイ
インド
台湾

タックフリルにレース、バイヤステープ…なにか作りたくなる。

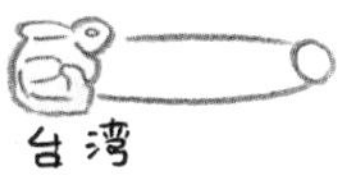

台湾

タイのデザートカップ…

ロシアのおばあさんのネグリジェ
おもしろい
つくりのお店!

◆nico
文京区湯島4-6-12 湯島ハイタウンB棟103号室
https://nico-store.net/

平日の昼間から立ち飲み屋さんが
盛況な街・上野。気軽にくり出そう！

飲む

大山
MEAT DISH & BEER
奥まった立ち席が好き
ハムカツやメンチ片手に、大ジョッキ。

肉の大山

丸井裏に密接する立ち飲み店・カドクラ、たきおか、大山の3店を総称した"ハムカツトライアングル"。
中でもよく行ったのがココ。

店先でサッと飲むもよし、奥のレストランでがっつり食べるもよし。

ハムカツ80円也
（税込）

◆肉の大山　上野店
台東区上野6-13-2
http://www.ohyama.com/

飲み処アラカルト

味の笛

カウンターにお惣菜が並び学食のようなセルフサービスがおもしろい立ち飲み（椅子もあり）。
左の「吉池食堂」と同じく御《お》徒《かち》町《まち》のスーパー「吉池」の経営。

ポテサラ、イカの一夜干し、メカジキの竜田揚げ、刺身、etc…。
200～400円くらい

◆味の笛
台東区上野5-27-5
http://www.yoshiike-group.co.jp/group_profile.html

昇龍

アメ横ガード下で愛されて60余年。
ぶあつい皮のジューシーなジャンボ餃子が名物。

ひと皿でお腹いっぱい～
500円
（税込）

◆昇龍
台東区上野6-10-14

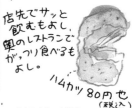

RUTTEN_

外苑前のセレクト眼鏡店「ブリンク」を
運営する「荒岡眼鏡」。三代目の
荒岡さんが地元に開いたカフェは、
ランチにコーヒー、お酒、
ちょっと立ち寄るのにぴったりの
気持ちのよいお店。なにより、
おいしく安い、御徒町クオリティ！

自家製レモネードのパナシェの
おいしさに感激……。

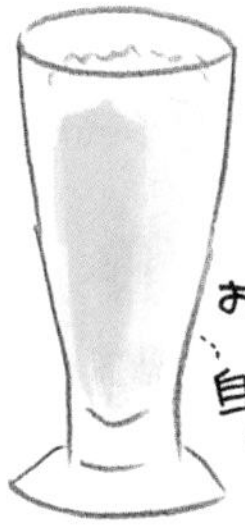

スペイン風オムレツ、キャラメリゼナッツ、
自家製
鶏ハム

愉快な荒岡さんは、
生粋の御徒町っ子。昇龍や
味の笛などを教えてくれました。

◆RUTTEN_
台東区上野5-5-10 1階
https://www.instagram.com/rutten_ueno5/

上野はとんかつのメッカ…。

ぽん多本家

創業明治38年、東京の
カツレツの元祖と言われている
洋食屋さんのロースカツ。
ロースは普段苦手なのだけど、
ここのは上品で軽やか！

ポテトフライのおまけ付き
カツレツ2700円
定食セットは
+500円

◆ぽん多 本家
台東区上野3-23-3

吉池食堂

楽しげな紳士たちの宴

魚介中心のスーパー「吉池」の上に
ある直営食堂。広くきれいな
店内からは、スカイツリーも望める。
老男女が大いにお酒や肴、
定食を楽しんでいて、いい雰囲気。

◆吉池食堂
台東区上野3-27-12
http://www.yoshiike-group.co.jp/restaurant.html

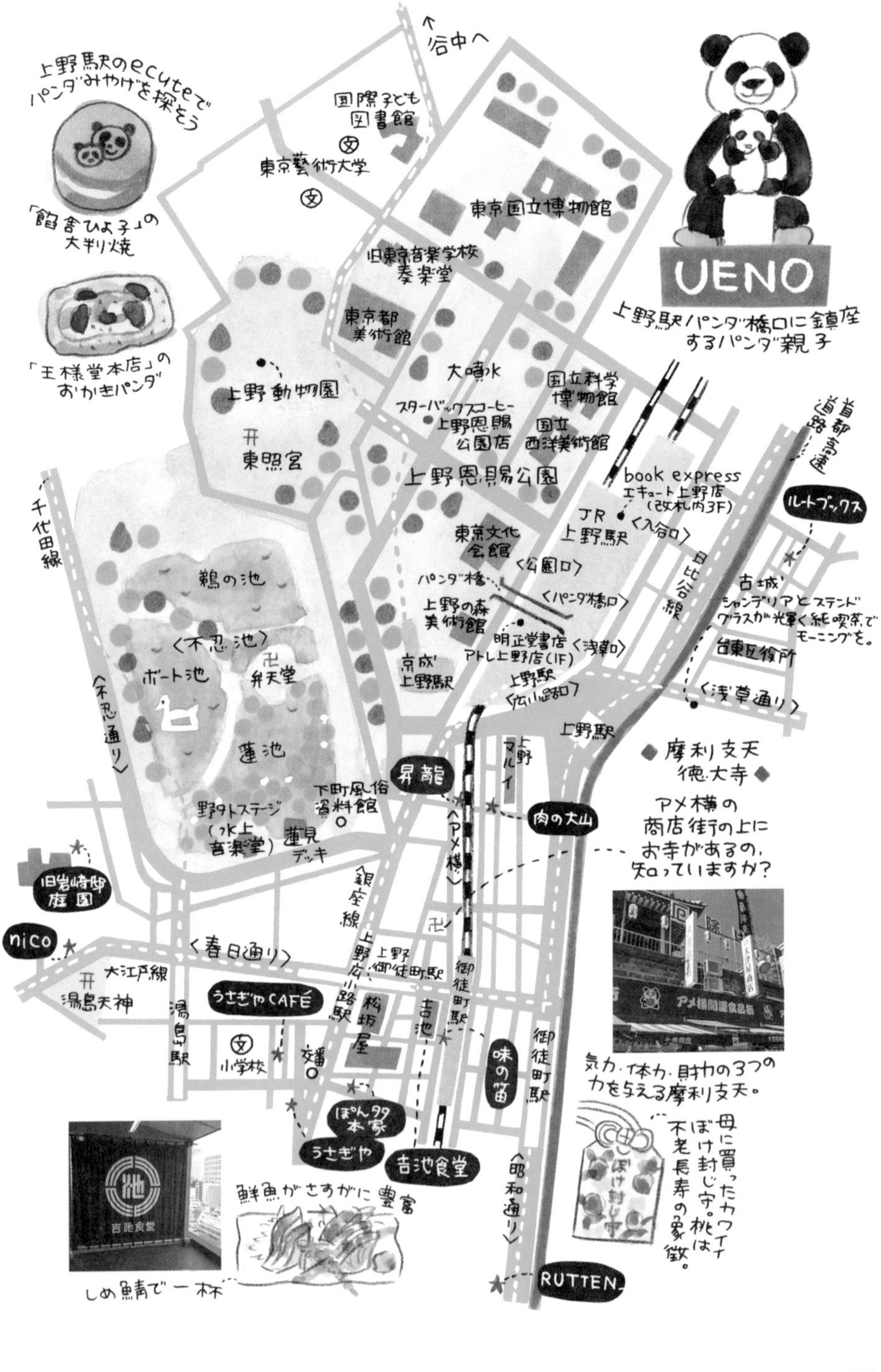

谷中へ
上野駅のecuteで
パンダみやげを探そう
「館舎ひよ子」の
大判焼
「王様堂本店」の
おかきパンダ
UENO
上野駅パンダ橋口に鎮座
するパンダ親子
国際子ども
図書館
東京藝術大学
東京国立博物館
旧東京音楽学校
奏楽堂
東京都
美術館
上野動物園
東照宮
大噴水
国立科学
博物館
スターバックスコーヒー
上野恩賜
公園店
国立
西洋美術館
上野恩賜公園
book express
エキュート上野店
（改札内3F）
JR
上野駅
〈入谷口〉
首都高速
道路
ルートブックス
千代田線
鵜の池
東京文化
会館
〈公園口〉
パンダ橋
〈パンダ橋口〉
上野の森
美術館
明正堂書店
アトレ上野店（1F）
〈浅草口〉
日比谷線
古城
シャンデリアとステンド
グラスが光輝く純喫茶で
モーニングを。
台東区役所
〈不忍池〉
ボート池
弁天堂
京成
上野駅
上野駅
〈広小路口〉
〈浅草通り〉
〈不忍通り〉
蓮池
上野駅
上野マルイ
摩利支天
徳大寺
昇龍
下町風俗
資料館
野外ステージ
（水上
音楽堂）
蓮見
デッキ
〈アメ横〉
肉の大山
アメ横の
商店街の上に
お寺があるの。
知っていますか？
旧岩崎邸
庭園
〈銀座線〉
nico
〈春日通り〉
大江戸線
湯島天神
上野広小路駅
上野
御徒町駅
御徒町駅
うさぎやCAFÉ
湯島駅
小学校
交番
松坂屋
吉池
味の笛
御徒町駅
気力・体力・財力の3つの
力を与える摩利支天。
母に買ったカワイイ
ぼけ封じ守。桃は
不老長寿の象徴。
ぽけ封じ守
ぽん多
本家
うさぎや
吉池食堂
吉池食堂
〈昭和通り〉
鮮魚がさすがに豊富
しめ鯖で一杯
RUTTEN

はみだし
ホリデイ

Kyū-Yasuda kusuo tei （千駄木）

２年間を過ごした千駄木の街。文化人や実業家が多く住んだ静かな屋敷町で、古い家が数多く残っています。「旧安田楠雄邸」は旧財閥の安田家が暮らした邸宅。見事な庭園と、和洋が融合した大正･昭和の山の手屋敷を見学できる（水･土曜）。近くの「島薗邸」の見学と（第１・３土曜）、併せてぜひ。

応接間の暖炉の柱にリスの彫り….♡
廊下の照明

暖炉の前で
COEDOビールと暖炉
（自由学園明日館）
1999年〜の改修工事で壁の下から出てきた壁画。創立10周年の記念に生徒たちが描いたもの。
最初はホールで立ち飲み

「自由学園明日館《みょうにちかん》」は、1921年にアメリカの建築家フランク・ロイド・ライトの設計により建てられました。ホールでの喫茶が楽しめる見学に、展示やコンサートなどイベントも盛んに行われ、とても開かれた重要文化財。機能美に溢れた美しい建物が、いつ訪れても清廉な気持ちにさせてくれる。

　年に何度かホールと食堂の暖炉に火が入るイベントがあると聞き、訪れたのが「COEDOビールと暖炉」。大好きなビールと明日館とは、心躍る組み合わせ。

　時間的に出遅れてしまったので、おつまみは残りわずかだったけれど、混雑の中、席を確保して、さっそく乾杯。「COEDOビール」は埼玉の川越を拠点とするクラフトビールメーカー。たくさんの銘柄があり、どれも安定のおいしさです。

　お客さんの年齢層は高めで、シニアのグループや会社帰りの女子3人組、30〜40代カップルなど、落ち着いた雰囲気。勢いよく飲むけれどバカ騒ぎをする人はおらず、なにより建物を愛でる気持ちを共有している感じが楽しい。ホールではフルートとピアノの演奏も流れ、誰もがゆったり、リラックス。あたたかな部屋と空気の中、ビールと名建築を味わいました。

通りをはさんだかっこいい講堂も必見。

◆自由学園明日館　豊島区西池袋2-31-3

＊入館料400円（税込）　https://jiyu.jp/

＊文中で紹介したイベントは取材時開催されていたもので、今後の開催については未定です。

2階食堂。
館内のあちこちが
ビアホールに変身。
背が六角の、小ぶりな
椅子がかわいい。
ダンディなおじ様グループが隣
火の番人が
見まわり。

ビールはどれもフレッシュでおいしい……！
飲み比べセットなんてのも。
"紅赤"
"毬花"
クラフトビールの
グリル
色に反して
クセがなく
飲みやすい♡
苦み＋
フルーティが好み
カカオジャーク
チキンバター
ライス添え
おつまみもおいしかったな。

はみだし
ホリデイ

Jiyu Gakuen（ひばりヶ丘）

「自由学園」の南沢キャンパスも、それは素敵な場所。初等部の敷地で開かれたライブを観に行き、木々の中に建つかわいい木造校舎を見学しました。誰でも利用できるカフェやショップもあり、春と秋にはオープンキャンパス「南沢フェスティバル」が開催されます。

なにもかも愛らしい
初等部食堂。
学生時代、ひばりヶ丘に
住んでたのに、
全然知らなかったな。
生徒たち手作りのプレート
食堂

NISHIOGIKUBO
I ♡ 西荻窪

心の喫茶店第一位は、ずっと「どんぐり舎」。

東京でどの街が一番好き？ と聞かれたら、答えは迷わず「西荻窪」。
商店街のそこここに愛すべき個人商店が軒を連ね、
小さな街をまわるだけで、なんという充実感。
30代の日々を暮らし、今もなにかと縁の深い街です。

西荻スケッチ

南口「仲通街アーケード」の天井からぶらさがる、三代目ピンクのぞうさん。子どもみこしをしまう場所がなく、ここにぶら下げたのがはじまり。
私が住んでいたころの二代目。30年間街を見守り、2017年に引退。縁あって佐渡ヶ島で余生を送っています。
竹と紙でできた素朴な二代目
足もとにはりつくのは、西荻のゆるキャラ"にしぞう"。週末などに駅前に出没。

はじめて雑誌片手に訪れた30年以上前から、ほかのどの街ともちがう、古いおもちゃ箱のような濃密な空気を放っていた西荻窪。落ち着いた雰囲気だけど、とにかく街が元気。古本屋さんに安くて旨い飲み屋さん、昔ながらの喫茶店においしいビストロ、アンティーク店、雑貨屋さん、個性豊かな個人店がひしめき合って、お散歩するのにうってつけ。

20代のほとんどを隣街で、30代の6年間をこの街で暮らした私。友達も多く住んでいるので、ここ20年ほどの変化を見てきました。近年ますますお店が増えて、週末にはそぞろ歩きを楽しむ女性グループをよく見かけます。「輪島ロード」と認識していた道は（ボクシングジムがある）、おしゃれなビストロや雑貨店が立ち並び、いつしか「乙女ロード」なんて呼ばれるようになっていたりして。

お客さんが増えても、どのお店も今よくある感じとはちがう、唯一無二の顔ばかり。いつ来ても、お楽しみが見つかる場所なのです。

必ずいい本にめぐりあえる、
「古書音羽館」。

100円コーナーで画家・丸木俊の絵本
『でてきておひさま』を発掘。

中国茶、古着、雑貨とお宝を
たくさん手に入れてきた
「サウスアベニュー」。

6月のイベント
"西荻茶散歩"の
ときは、やかんが
参加店の目印。

高菜たっぷり入れるよ

なんだかんだ、一番
足が向くのは、熊本ラーメン
「ひごもんず」かも……。
好きです♡

四季折々の花が咲き乱れる
薬局の軒先。
いつも
楽しみ。

おいしい街

西荻はおいしい。レベルの高い個人店が多すぎて、チェーン店がなかなか増えない街ですもの。さて、今日はどのお店に行こうか？

ピヨトトシャ
私よりひと足先に西荻で仲間とシェアハウスをしていたHちゃん…

週がわりで世界の3ケ国のメニューが食べられる。ご夫婦で切り盛りする小さなお店には、かわいい雑貨がぎゅうぎゅう並んで、異国情緒たっぷり。

シェフ・タバサさんの作る料理は、あたたかな世界のおっかさんの味。

Hちゃんは"ザワークラウトローストチキン"

スパイスの効いたきのこのポタージュ
ポーランド料理をチョイス。はじめて食べるのに、懐かしい味。
スープ、サラダ、パン付きで1,200円（税込）
"パプリカと豚肉のビール煮"。やわらかなお肉とマッシュポテトがとろける…。

◆ピヨトトシャ
杉並区西荻南2-24-17

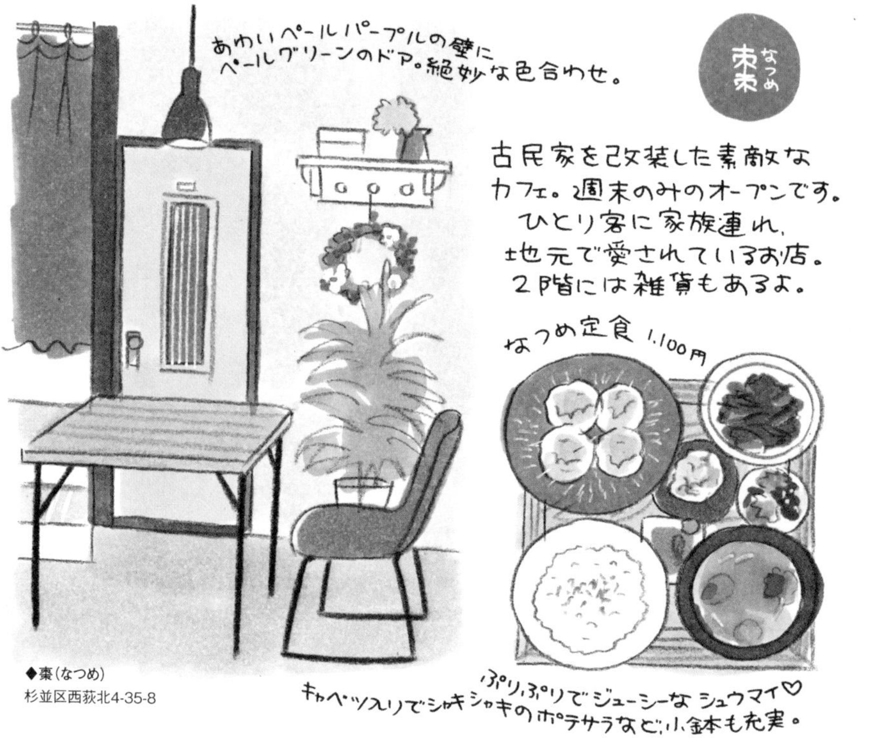

あわいペールパープルの壁に
ペールグリーンのドア。絶妙な色合わせ。
棗《なつめ》
古民家を改装した素敵な
カフェ。週末のみのオープンです。
ひとり客に家族連れ、
地元で愛されているお店。
2階には雑貨もあるよ。
なつめ定食 1,100円
ぷりぷりでジューシーなシュウマイ♡
キャベツ入りでシャキシャキのポテサラなど、小鉢も充実。

◆棗（なつめ）
杉並区西荻北4-35-8

それいゆ
みんな大好き、
西荻民のオアシス的
喫茶店。
23時までやってるので、
飲んだあとに来ることも多い。
水出しコーヒーのサーバー
幅広い年齢の人々が思い思いにくつろぐ貴重な場。
オムライスにカレー、
食事メニューも
がっつりおいしい。
平日の
ランチセットで
サラダ、コーヒー
or紅茶付き
980円（税込）
とろとろの"チーズカレー"

◆それいゆ
杉並区西荻南3-15-8

クラシックな店内にベテラン給仕さん、
ゆったりと古きよき洋食フレンチを
堪能できて、優雅な気分。
こけし屋本館
テリーヌ、マリネなど美しい前菜
しっかりした味のかぼちゃのポタージュ
やわらかな牛ヒレ肉
パン、デザート、飲みもの付きで2.600円(ランチ)。
ステキな店長
伝統こけしがズラリ
こけし屋
「こけし屋」といえば、鈴木信太郎。
飾られた原画を見ていたら、
さらの包装紙、コースター、
カードをくださいました。

◆こけし屋本館
杉並区西荻南3-14-6
http://www.kokeshiya.com/
*価格は、サービス料別

西荻窪を象徴するお店は、創業1949年の「こけし屋」。有名なのが、毎月第2日曜に開かれる朝市。東日本大震災の2日後の日曜日、朝市がいつも通りに開かれた時には、この街と共に生きてきたお店の気概を感じました。普段と同じおいしいブースが並び、日常を感じられたことで、どんなに心強かったことか。

誕生日といえばここのケーキだったし、打ち合わせに喫茶室も使っていたけれど、入ったことがなかった本館のフレンチレストラン。西荻時代を共に過ごしたHちゃんと思い立って入ってみたら、懐かしくも新鮮な時間を過ごすことができました。ビシッとネクタイ姿がキマった熟練の店長さんのあたたかな接客に、西荻の顔としての誇りと心意気を見せてもらいました。

Bistro Féve

ビストロ タウン・西荻窪。数あるお店の中、サバサバとキップのいい接客が西荻らしくて、居心地抜群。

Fève
"魚のクリュ"
サラダのよう
絶品
自家製パン
"タコと柿のマリネ"
バルサミコソースがうまーい!
"プーレ・ド・サレ ソース・ミエル"
ひな鶏のはちみつロースト
皮パリパリ
1,500円(税込)
いつも満席で活気にあふれ、現地のビストロみたい。

野菜たっぷりで、きちんと印象に残るお皿の数々。しみじみ、いいお店だな。

◆Bistro Féve(ビストロ フェーヴ)
杉並区西荻南3-17-6
http://bistrofeve.com/

西荻 サレカマネ

在住の友人たちが こぞって通う立ち飲み屋さん。おいしいお酒にとびきりの料理、いい音楽…… そしてお手頃なのが最強。

味噌きゅうりだってうまい!
椅子席もあるのがうれしい。
かにみそグラタン
果汁たっぷりレモンサワー
生ソーセージとヴィネグレッチソース
こちらは現在、隣の2号店「サレサイドサカエ」で提供中。

◆西荻サレカマネ
杉並区西荻北3-20-9

買い物天国

雑貨食堂
六貨
うちに5~6コあるぞうグラス
タイ・ベトナムのゼリー型
2コ
300円
オーナー・竹内さんが
絵付けしたグラスや
茶筒がかわいすぎる。
キッチンまわりの道具が、天井から
床までびっちり並び、
見ごたえ抜群。
無骨な業務用品から
アジアのキッチュな
雑貨まで、雑多な
品揃えが魅力。
98円
黒いさいばしってめずらしい。505円
昭和な果物
フォーク
ポストの中にもこまごま
アウトドア用の折りたたみ
ロースター。ほしい……。

◆雑貨食堂　六貨
杉並区松庵3-1-11
https://rocca2405.thebase.in/

西荻窪で特筆すべきは、雑貨屋さんのレベルの高さ。数多くの骨董店が並ぶ〝アンティークの街〟だったのが、さまざまなテイストの雑貨店が次々と参入。ますます充実したお買い物タウンになりました。

雑貨店めぐりをするなら、6月はじめに開催される「西荻茶散歩」がおすすめ。約100店舗ものお店がお茶のサービスと、イベント用にスペシャルな企画を用意して迎えてくれます。茶散歩マップ片手にお店めぐりをする楽しさときたら。

12月に開催される「ニシオギセカイツアー」は、12のお店ごとにテーマ国がわりふられ、展示販売会を開催。スタンプラリーについ熱中してしまう。ほかにも朝市に夕市、来る人を楽しませる気満々のイベントが、今日もどこかで開催されています。

オーナーのきたさん
マントがかわいいなあ、と思ったら、子ども用のキルトスカートでした！

1,200円

Hin plus

モンゴルの刺しゅうポーチとおしゃれっ子キーホルダー

東欧、バルト3国、メキシコ、ペルー、モンゴルなど、いろんな国の雑貨が集まって、まるで旅の博覧会。

エストニア キフヌ島の人形
ウクライナの子どものお守り人形 3,000円

◆Hin plus（ヒン プリュス）
杉並区西荻北3-3-12
https://hinplus.com/

galerie non

かわいーくおいしいクッキー

カフェコーナーもあり、手づくりお菓子が豊富。

器や服、作家ものと、アジアやヨーロッパの土のにおいがする民芸雑貨がセンスよく並び、ギフト探しに最適。

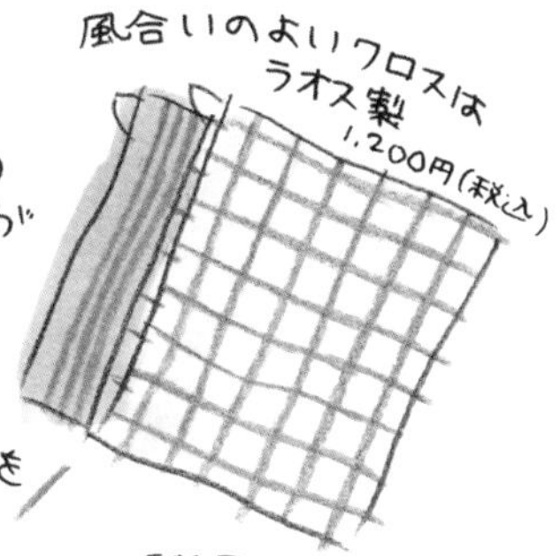
風合いのよいクロスはラオス製
1,200円（税込）

プレゼントに3点セットを

◆galerie non（ギャルリー ノン）
杉並区西荻北4-3-4 美光弐番館101
http://www.batta.co.jp/

京都「ナカヤマコーヒー」のコーヒー豆
長野「利久堂」の栗ペースト

500円（税込）
パキスタンのお花皿

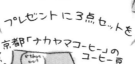

神明通りを駅から7〜8分歩くと、かわいいお店が並ぶエリアが。

TONARINO
cikolata
トナリノ
果物クリップ50円
国内外のカラフルな
文房具が勢揃い。
イラストレーターSAAYA
MASAKIさんのブローチ
フランスのパーツ
salon+
atelier
polka
タイのワッペン
奥はヘアサロン、
手前はロシアやタイで
買いつけた、愛らしい
小さき雑貨が
ぎっしり。
1コ
80円
おままごとのカップは
ミニ花びんに。
cikolata
顔パールピアス
オリジナルの
お洋服やアクセサリーは
ユニークそのもの。
デザイナー・大石さんのセンスの
ファンです。
大石さん作の
ぺったんこ
一輪ざし
いろんなモチーフのピアス
ラッピングもかわいい…。

◆salon+atelier polka
（サロン+アトリエポルカ）
杉並区西荻南1-18-10
https://salon.atelier-polka.com/

◆トナリノ
杉並区西荻南1-18-10
https://tonarino.ocnk.net/

◆cikolata（チコラータ）
杉並区西荻南1-18-10
http://cikolatashop.info/

田螺《たにし》堂

“アンティークの街”は健在。その中で
とびきりの審美眼で、古いものを暮らしに
取り入れる術を教えてくれるお店。

中国のお皿
3,500円(税込)

お花の飾りかたや
ディスプレイも
参考になる。

◆田螺堂(たにしどう)
杉並区西荻北4-18-8
https://tanishidou.jimdofree.com/

Loupe

日本の古いものや各国の
こまごまかわいい雑貨に
あふれ、西荻でも特に
お気に入りのお店です。
駅前にあった食料品店
「喜久屋」のあとを引きつぎ、
ひな祭りの“金花糖”が
並ぶのは節分のころ。

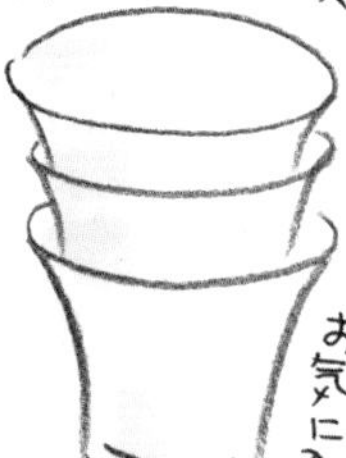
ベトナムのグラス
使いやすくてお気に入り

かわいい
郷土玩具も
手に入る
鳩笛いろいろ…

金花糖はかご盛りにも
できる

フルーツに海産物に野菜、どれもかわいくて迷う〜。
飾ったあとは料理に使えるよ。

◆Loupe(ルーペ)
杉並区西荻北3-45-8 ペルソナーレ西荻1-A
http://www.a-loupe.com/

西荻・粉もん散歩

おいしい焼き菓子やパンの店がいっぱい…

パン屋さん「しみずや」くまサブレ

Kies

びんにぎっしりつまったクッキーを、一枚ずつ選ぶしあわせ。クッキーもケーキも作り手・堀さんの愛情が伝わってくるような、しみこむおいしさ。

ピーナツバタークッキー
130円(税込)
全粒粉がかむごとに味わいが広がる
THANKS
Thanks クッキー

しっとりレモンケーキ
370円(税込)
なんてかわいいヴィクトリアスポンジケーキ

◆Kies(キーズ)　杉並区西荻北4-35-5 中村ビルA
https://www.heyheykies.com/

Tea&Cake Grace

Grace
450円
紅茶は大きなポットにたっぷり。

西荻レディたちが熱く集うケーキ屋さん。

850円のぜいたく

いちごショートが大人気ですが、カスタードケーキの軽やかなクリームも大好き。

◆Tea&Cake Grace
杉並区西荻南3-16-6
*いちごのショートケーキは
12〜5月の期間限定での販売です。

Pomme de terre

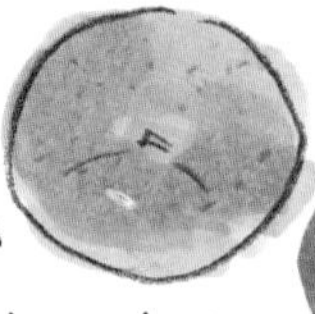
くるみポム

行列店の、皮はパリッ中はもっちりのベーグルはもちろん、とびきりおいしいマフィンのファン。

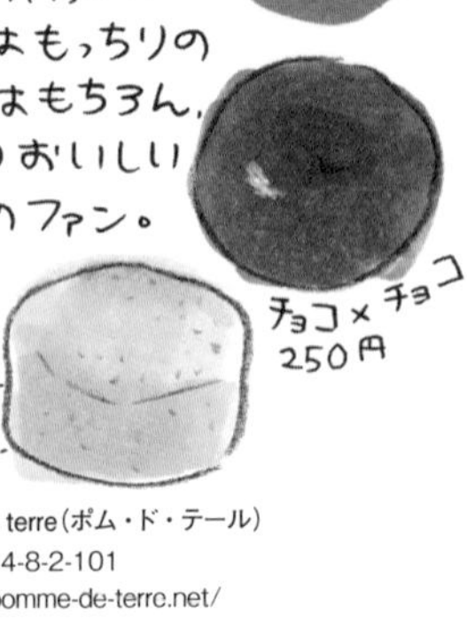
チョコ×チョコ
250円
ふわふわイングリッシュマフィン

◆Pomme de terre(ポム・ド・テール)
杉並区西荻北4-8-2-101
http://www.pomme-de-terre.net/

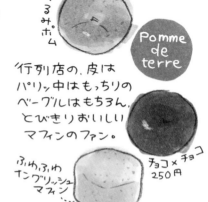

Amy's Bakeshop

目移りしちゃう……

NYスタイルの焼き菓子。
甘さしっかりだけどくどく
なく、どれも
しっとりおいしい。

ダブル
チョコレート
フィグケーキ
ベリー&ベリー
マフィン
390円

◆Amy's Bakeshop（エイミーズ・ベイクショップ）
杉並区西荻北3-13-18 1階
https://amysbakeshop.com/

えんツコ堂製パン

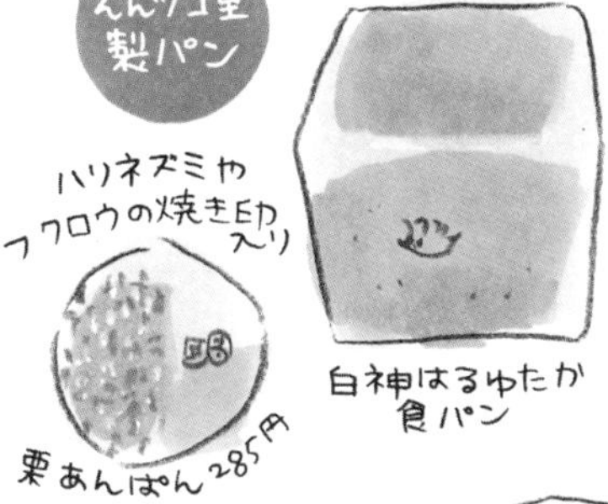

ハリネズミや
フクロウの焼き印入り
白神はるゆたか
食パン
栗あんぱん 285円

かわいさとおいしさを
兼ね備えたパン屋さん。
ワインの品揃えもすばらしく、
バゲットとワインで素敵な
手みやげに。

◆えんツコ堂製パン
杉並区西荻北4-3-4

ENTUKO

LA CRÊPERIE

LA CRÊPERIE

パリの街角を
思わせる、テイク
アウトのクレープリー。
シンプルな"バター・
シュガー"もいいけど、
私はこってり派。

◆LA CRÊPERIE（ラ クレープリー）
杉並区西荻南3-17-7

小窓から
あざやかな
手つきを見つめる。

NISHIOGI MAP
2〜3人で歩くと楽しい！
棗
kies
〈骨董通り〉
田螺堂
Pomme de terre
大きな"トトロの樹"
「sen」のお皿"フレーム"
ウレシカ
1Fは
絵本と雑貨
2Fはギャラリー
Loupe
〈北銀座通り〉
イギリスの編みぐるみ
しみずや（パン）
えんツコ堂製パン
galerie non
FALL（雑貨）
ほしいもの
たくさん。
プレゼント探しにも。
どんぐり舎
トムズボックス
絵本の古本屋さん
旅の本屋のまど
古書音羽館
サレカマネ
海南チキンライス
夢飯
サレサイドサカエ
ひごもんず
LA CRÊPERIE
Bistro Fève
西荻イトチ
おいしい
紅茶と
こけしの店
Amy's Bakeshop
今野書店
交番
〈北口〉
こけし屋本館
Hin plus
西友
西荻窪駅
→新宿
〈南口〉
にわとり文庫（古書）
サウスアベニュー
公園
和田誠さん
デザインの
看板
364
台所まわりの
雑貨や食品
ピンクのぞう
それいゆ
Tea & Cake Grace
こけし屋
別館（朝市）
限られた予算でも
センスよいブーケを
作ってくれる
〈乙女ロード〉
「神明通り」
かつお節や調味料など。
松庵文庫（カフェ P157）
輪島ジム
ピヨトトシャ
エルスール
BREWBOOKS
本とクラフト
ビール
甘いっ子
（甘味）
ちんとう
アットホームな街中華
毎夏、必食のいちご
ミルク金時！
salon + atelier polka
cikolata
トナリノ
開放感あふれる古民家で
ごはん、お茶、買い物を
楽しめる。
カフェ オークストラ
（喫茶）
おいしい
スパイスカレーが
大人気
六貨
〈五日市街道〉

はみだし
ホリデイ

gion（阿佐ヶ谷）

わが街・阿佐ヶ谷でひとつだけお気に入りスポットを紹介するとしたら、喫茶店「gion（ギオン）」。ピンクの壁にゴブラン織りクッションの乙女スペースからカウンターに目をやれば、80年代的青い照明。窓辺の造花ぶら下がりコーナー、メイドアイドルのような店員さんの制服……センス最高。お得なモーニングや焼きナポリタンもおいしい。

名物・ブランコ席。少し酔うことも…。

お散歩写真館

店内を撮らせてもらうときは、お店の人に許可を取ってから。蔵前のカフェ「from afar」。

カメラは持ち歩かず、この本の写真はサッと撮れるスマホで撮影。「根津美術館」（P68）。

今度寄りたい、気になるスポットはパチリ。かっこいい浅草「曙湯」。5月には見事な藤棚が。

散歩で買ったものを撮っておくと、いい記録になる。大好きな吉祥寺「モスリン」にて。

早朝の人の少ない公園同様、夜本番ではない飲屋街散歩もまた楽しい。新宿ゴールデン街。

混雑する季節の名所は、時期を少しをずらすのも手。散り際も十分きれいな、12月の神宮外苑。

散歩中に写す こんなもの、あんな風景…

タイル好きなので、古いタイル貼りの建物もついカメラを向けてしまうもの。新宿歌舞伎町。

素敵なウィンドウは撮りたくなるモチーフ。西荻窪の路地裏の手芸店。

新木場「CASICA」へ。カフェに生活雑貨に古道具、広い倉庫を改装した店内、娘も楽しめました。

子どもとのお出かけに、自分の楽しみも入れ込む。葛西臨海公園（P24）のついでに、一駅手前の…

田原町「フーコ」（P31）のかわいい神棚。素敵なお店は、真似したいアイデアがいっぱい。

花の素敵な生け方を参考に。西荻窪「松庵文庫」（P154）のクリスマスローズ。

まだまだ・ニュー東京ホリデイ…
学芸大学は取りあげたかった
街のひとつ。のんびりとした
かわいい街です。
壮麗なサレジオ教会。
毎年5月にはバザーも。
夏限定「マッターホーン」のモカソフト。
また来年も食べたいナ…

おわりに

はじめての東京散歩の本『東京ホリデイ』を出したのは2003年。
この17年で少しずつ、大きく変わった東京。
まだぎりぎりたっていた表参道の「同潤会青山アパート」
（今回は執筆中に原宿駅舎が引退してしまった）、
活気にあふれていた築地市場の場内、
浅草「アンヂェラス」に神田神保町「スヰートポーヅ」、
なくなってしまったお店もたくさん。
私も結婚して子どもを産んで、
一度東京の東に引っ越し、やっぱりすぐに西に戻ったり、
暮らしや生活の基盤がそれなりに変わっていきました。

あちこちが掘り起こされて、
ピカピカの街に変わっていくのがさみしいこともあるけれど、
東京はずっとずっと生まれ変わってきた街。
新しくできた魅力的なスポット、歴史を刻み続けるお店、
楽しいことは決して消えてはいきません。

ツタのからまる、素敵な
立教大学 池袋キャンパス。
かわいいチャペル、クリスマスシーズンは
エントランスのヒマラヤ杉が巨大ツリーに。

I ♡ 中央線 フォーエバー
古本と とびきり
おいしいつまみが
そろう、高円寺
「コクテイル」。本と
原稿用紙のメニュー。
〝中原中也サワー〟(失恋の味)

子育てと仕事の両立で余裕がなく、
ここ数年はあまり出歩かなくなっていたので、
久しぶりに自分のためだけに繰り出す散歩の楽しかったこと。
たくさん散歩につきあってもらった相棒Hちゃんと
「きっとどんなに歳をとっても、
こうやってお出かけするのって楽しいねぇ」と
しみじみと話しました。
40年暮らしても、訪れる機会のなかった場所はたくさんあって、
まだまだ私の東京旅、東京散歩は続いていきます。

今回は製作中にコロナ禍に巻き込まれたのも、
忘れがたい出来事。
取材はすべて終わっていたけれど、
大好きなお店やスポットが消えてしまいやしないかという
不安が大きくありました。
自由に出歩く機会を急にうばわれ、
あらためて大切な場所への思いを強くした日々。
安心して街を歩ける日が、一日でも早く訪れますように。

みなさんのよき散歩を願って！

ニュー東《とう》京《きょう》ホリデイ

旅《たび》するように街《まち》をあるこう

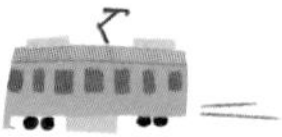

令和2年10月10日　初版第1刷発行
令和2年10月20日　　　第2刷発行

著　者　杉浦《すぎうら》さやか

発行者　辻浩明《つじひろあき》
発行所　祥伝社《しょうでんしゃ》
〒101-8701　東京都千代田区神田神保町3-3
03(3265)2081(販売部)
03(3265)1084(編集部)
03(3265)3622(業務部)

印　刷　萩原印刷
製　本　ナショナル製本

ISBN978-4-396-61739-4 C0095

祥伝社のホームページ　www.shodensha.co.jp

NEW TOKYO
HOLIDAY